Introduction to Facet Theory

Content Design and Intrinsic Data Analysis in Behavioral Research

层面理论简介

——行为研究的内容设计与内部数据分析

司爱谋·谢　德福·伊力泽　米歇尔·霍夫曼◎著
赵守盈　陈　维◎译

暨南大學出版社
JINAN UNIVERSITY PRE
中国·广州

Samuel Shye, Dov Elizur, Mlchael Hoffman
Introduction to Facet Theory: Content Design and Intrinsic Data Analysis in Behavioral Research
ISBN: 0 - 8039 - 5671 - 1

图书在版编目（CIP）数据

层面理论简介：行为研究的内容设计与内部数据分析/（以）司爱谋·谢，德福·伊力泽，米歇尔·霍夫曼著；赵守盈，陈维译. —广州：暨南大学出版社，2013.10
书名原文：Introduction to Facet Theory：Content Design and Intrinsic Data Analysis in Behavioral Research
ISBN 978 - 7 - 81135 - 743 - 1

Ⅰ. ①层…　Ⅱ. ①司…②德…③米…④赵…⑤陈…　Ⅲ. ①心理学—研究　Ⅳ. ①B84

中国版本图书馆 CIP 数据核字(2010)第 012797 号

出版发行：暨南大学出版社

地　址：中国广州暨南大学
电　话：总编室（8620）85221601
营销部（8620）85225284　85228291　85228292（邮购）
传　真：（8620）85221583（办公室）　85223774（营销部）
邮　编：510630
网　址：http://www.jnupress.com　http://press.jnu.edu.cn

排　版：广州市天河星辰文化发展部照排中心
印　刷：广州市新怡印务有限公司

开　本：787mm×1092mm　1/16
印　张：9.25
字　数：187 千
版　次：2013 年 10 月第 1 版
印　次：2013 年 10 月第 1 次
印　数：1—2500 册

定　价：29.00 元

作者介绍

Samuel Shye 是以色列路易斯哥特曼学院应用社会研究的资深研究人员，并担任耶路撒冷希伯来大学社会科学院心理学系的副教授。主要教授层面理论和多元尺度。著有《多元尺度：部分顺序量图分析的理论与应用》（North Holland，1985），他还是《行为科学的理论建构和数据分析》（Jossey Bass，1978）的编辑。Shye 的主要研究领域包括行为系统的层面数学模型，以及层面数学模型在人类生活质量、组织质量和其他系统概念测量中的应用研究；人类归纳能力的研究；启发式系统模型。他也是国际层面理论协会的书记，驻本·古里安大学国际小组混乱（精神错乱）研究所成员，以及美国心理学协会成员。

Dov Elizur 是 Bar Iian University 组织行为和社会组织心理学系的名誉教授。担任以色列路易斯哥特曼学院应用社会研究的研究助理，并担任以色列公民服务委员会单位的考核、评估董事长。此外，他还是层面理论协会的主席，国际工作和组织价值社会研究的前任主席。他著有《适应革新》（1970），《工作评估：一种系统方法》（1980）和《系统工作评估和可比值》（1987）。其主要的研究领域包括价值、成就动机、工作生活质量、工作与非工作关系、工作评估和组织演变。

Mlchael Hoffman 主要研究儿童、青少年、家庭心理学。在以色列拉马特甘的 Bar Iian University 的心理学系任教，主要教授儿童临床心理学的研究方法和理论。他在耶路撒冷希伯来大学获得数学理学学士学位，在洛杉矶的加利福尼亚大学获得心理学博士学位。

本书通过运用一些详细的例子，给读者介绍了层面理论的应用，层面理论是将内容设计与数据分析相结合为一体的方法。Shye 介绍了层面理论为了如何让一个研究概念化，如何根据研究目的而设定研究变量，如何系统地抽取变量，如何设定假设等方面提供了策略。此书由两部分构成：第一部分介绍了如何对具体的映射语句的重点进行映射；第二部分探索了分析多维数据的过程。最后，此书以讨论科学调查的性质与研究问题和观察问题之间的差异性作为结束。

层面理论的引进将为研究者编制量表和设计研究工具提供有用的技术。

前　言

层面理论是一种将内容设计与数据分析相结合的研究策略。它提供了一种对研究内容进行分析、构建和重组的具体方法及处理多元数据的程序。层面理论的目的在于促进知识的积累，并为在研究领域中发现新规律提供可能性。层面理论概念和技术的发展，如映射语句、区域性假设、层面 MDS、单维 Guttman 量表和多元尺度，激发了许多科学家的想象力，为行为研究提供了新的视角和机会。在各种行为科学的研究中，层面理论所提出的这些技术非常实用，并已拓展到一些具体的研究领域，如管理学、市场学、智力研究、社交、态度调查、健康、教育学及人们生活质量的研究中。

在行为研究中，层面理论在利用统计学方法来重新定义研究内容时是很有用的。实际上，心理学与社会科学研究人员的实践证明：层面理论的出现似乎使传统的统计学受到批判。层面理论指出，浪费过多精力在精确的数据分析技术上而不重视实际的研究内容是毫无意义的。实际的研究内容应该是可形式化、可结构化且相互关联的，更重要的是，它们还必须有一致的数据分析程序。

在行为科学的研究中，对数据的分析常常是多元的。在这点上，层面理论的最大贡献是其科学直观性。观测结果不再被描绘成孤立、离散的现象。相反，层面理论认为，观测变量是在典型行为现实的连续空间中抽取的一个样本，这个样本变量是用以探索无穷多变的“概念空间”，并对所要调查概念的本质作出推论。

有关行为概念（如智力、社会适应性）的理论是对其进行有意义测量的前提条件。层面理论的创始人 Louis Guttman 已经充分论证了这一点。研究层面理论的章节，了解概念结构是如何决定其本质逻辑测量标准时，这一论点的全部含义就会逐渐展现出来。

本书主要介绍层面理论及其基本原理、技术（包括其计算机程序），并使用通俗的语言和简单的术语进行分析。

非常感激层面理论的创始人 Louis Guttman 和层面理论的热心拥护者。很多年后，我才有幸与 Louis Guttman 密切合作。他的教诲、见解、批评及表达观点的独特方式使我受益匪浅。作为他的学生（Guttman 教授是 Shye 在 Hebrew 大学的博士生导师，同时也是 Elizur 非正式但关系亲密的指导老师），我情不自禁地感到 Guttman 教授应该自己亲手撰写此书——《层面理论简介——行为研究的内容设计与内部数据分析》。

在筹备此书的过程中，我得到了很多人的帮助，更多得益于那些来自 Jerusalem 的 Hebrew 大学（Shye）和 Bar Ilan 大学（Elizur）的一起学习层面理论和多元尺度技术的学生。

感谢 Ingwer Borg，Avi Criffel，Michael Katz，Abraham Sagie，Ilan Denesh 和 Shana Levin，感谢他们对于早期书稿给予的意见和建议。另外还要感谢以色列 Louis Guttman 社会应用研究学院的学生，尤其感谢学院导师 Elizur Katz 的支持。特别感谢 Philippa Baca，感谢她耐心和认真地排版。

SAMUEL SHYE
DOV ELIZUR

译　序

众所周知，对社会科学而言，研究方法的发展在很大程度上能够起到推动整个学科发展的作用，它的落后必然会限制学科的发展。目前，国内社会科学研究方法的建设和普及还十分薄弱，与世界先进国家的发展水平还有一些差距，这在某种程度上限制了我国社会科学研究的发展。

层面理论（facet theory）作为一种将内容设计与数据分析相结合的研究策略，提供了一系列对研究内容分析、问题构建和重组的具体方法及处理数据的程序。它能将复杂的概念直观形象地呈现出来，有助于研究人员对概念本质的把握。

层面理论的独特之处在于它处理多元变量的研究方法和技术，即映射语句（mapping sentence）、最小空间分析（Smallest Space Analysis，SSA）和多元尺度分析（multiple scaling）。

映射语句主要运用于理论构建，将所要研究的概念（尤其是复杂的概念）直观地呈现出来，使得研究人员能够充分把握所要研究的概念内涵（层面扩展）和外延（元素扩展）。

最小空间分析和多元尺度分析则都是其独特的实证数据分析方法。本书所呈现的层面最小空间分析（Facet Smallest Space Analysis，FSSA）是最小空间分析中的一种，是一种非计量多维尺度（non－metric multidimensional scaling）技术，通过分析所收集的数据，将所要研究的概念用图像直观地呈现出来，有助于研究人员充分理解其研究概念的内部各变量之间的关系，是针对所研究概念进行剖析的一种数据分析方法，而多元尺度分析则是区分研究被试的一种数据分析方法。多元尺度分析依据所研究概念的层面划分，将被试在一个方形图中呈现出来，通过分析被试在方形图中所呈现的一系列形状（L形状、倒L形状和水平形状），达到了解被试间差异的目的。

本书是层面理论的经典著作之一，主要介绍了层面理论的基本原理和技术（实用的数据处理方法），并运用通俗易懂的实证例子切实让读者理解层面理论的核心内容。本书主要分为两部分：第Ⅰ部分介绍层面设计（第二章到第六章），其中，第二章主要介绍映射；第三章定义共同反应范围；第四章介绍内容层面，解释概念结构；第五章构建形式化定义和假设；第六章修改和重新设计其映射语句。第Ⅱ部分介绍内部数据分析（第七章和第八章），其中，第七章介绍层面最小空间分析；第八章介绍运用POSAC/LSA程序进行多元尺度分析（multiple scaling）。

在本书的翻译过程中，笔者的同事陈维、潘运等老师以及笔者的研究生参与了初稿的翻译与组织协调工作，具体分工如下：前言、第一章：吕洪云、薛雯；第二章：王艳；第三章：刘苏姣；第四章：殷振华；第五章：曾薇；第六章：吕洪云；第七章：郭海辉、李菁、刘国庆；第八章：臧运洪、陈维、郭海辉、尚随锋；词汇、参考文献：宋志飞。译稿由笔者、陈维审阅提出修改意见，最后由笔者统一校对定稿。

在国外，层面理论已经成为一种较为流行的社会科学研究方法，有专门的层面理论研究协会，每两年召开一次国际性层面理论学术会议，到目前已召开了十二次。而在国内，层面理论研究尚处于起步阶段。2006 年以来，我与我的小组在这方面做了一些学习与研究，并发表了一些论文。尽管这些论文还很肤浅，但还是起到了引介作用，也得到了国际层面理论研究协会及该领域权威专家的认可。国际层面理论协会现任主席 Arie Cohen 教授曾两次来中国与我们小组进行交流，并确定由我国组织召开第十三届国际层面理论学术会议。Samuel Shye 教授为本书的翻译工作亲自申请国外出版社的版权许可，贵州师范大学划拨专项经费资助本书的翻译与出版，暨南大学出版社张仲玲女士也为本书译稿的出版付出了很多努力。应该说如果没有他们的热情帮助，本书的翻译与出版是不可能顺利实现的，在此向他们表示最真诚的谢意。本书也是给第十三届国际层面理论学术大会的一份小小的献礼。

本书立足于原著，用适合本土化的语言来细述层面理论，期望能对推广层面理论的应用起到奠基性的作用。由于笔者水平所限，译书较仓促，难免有不足与遗漏之处，恳请广大读者批评指正。

赵守盈
2010 年 5 月 20 日
于贵州师范大学

A Greeting Letter for the Book from Professor Samuel Shye

Recent years have witnessed a growing recognition that behavioral research deserves and requires its own scientific imagery and analytic methods, distinct from the ones that had been found useful in the older physical sciences. Traditional statistical techniques focusing largely on statistical significance testing have not been found sufficient for tapping the full scientific significance of behavioral data, and the search for scientific laws has been hardly attempted. The appearance of "Introduction to Facet Theory" has contributed to the understanding that conceptual – definitional aspect of data deserves attention and formalization (facilitated through mapping sentences) no less than their numerical manifestations. Techniques of Facet theory that truly integrate the definitional and empirical aspects of complex data have become increasingly widespread. These include: the depiction of concepts as continuous geometric forms (manifolds) through Faceted Smallest Space Analysis (FSSA); and the identification of measurement instruments comprising the minimal number of scales commensurate with the complexity of the data, through Partial – Order Scalogram Analysis (POSAC). These, in turn, have opened the way for identifying lawfulness and conducting theory – based measurement in the complex behavioral systems. Modem Facet Theory, suggesting mathematical links between the two perspectives of a data matrix (FSSA and POSAC), points to a prediction paradigm in the social and behavioral sciences (Shye, 1998). Finally, it is reassuring to note that since the publication in 1994 of "Introduction to Facet Theory", research strategy offered by Facet Theory has been applied to increasingly diverse domains of research, notably, the fields of quality of life research (e. g. the systemic quality of life model, rated highest by Taillefer et al., 2003), intelligence and creativity research, and investigative psychology (Profiling. See Canter and Youngs, 2009), to name a few.

Historically, Facet theory grew out of the long psychometric tradition of Galton, Spearman, Thurstone, and Guttman. And has been incorporated as pertinent to statistical sciences (Shye, 1999). Gradually, it is being recognized that FT offers not just a "method" for planning research and analyzing data, but rather, that it offers a whole new paradigm for social and behavioral research. Practically, this means that questions cast in the tools of traditional statistics are no longer relevant, or even meaningful; while new questions come into focus that could not possibly be asked before. And, as is typically the case with new scientific paradigms, FT, too, required the development of its own logical structures andmathematics It is a great pleasure and a great honor for me to greet the publication of "introduction to facet theory" in Chinese. I wish to thank Professor Zhao Shouying for his brave initiative in undertaking the arduous task of translating the book "Introduction to Facet Theory" thereby making it accessible to [Chinese - speaking] students, teachers and researchers [in China] who may wish to acquaint themselves with this exciting and fruitful perspective on social and behavioral research.

May this work contribute to strengthen the bridge between our two ancient cultures, the Chinese and the Israeli.

Samuel Shye
Jerusalem, Israel, June, 2010

目　录

第一章　层面理论——一种构建科学理论的策略

层面理论（facet theory）是一种在行为研究中设计调查问卷和分析调查数据的综合分析方法。在科学探索的过程中，如在形成研究内容、构建假设、设计问卷和分析多元数据方面，层面理论的原理与其实用工具是一致的。最重要的是，层面理论将概念与数据加以整合，以便发现行为科学研究中复杂系统的规律，并在理论基础之上进行测量。

层面理论的独特之处在于处理多元变量的研究方法和技术，特别是它解决了行为科学家经常遇到的一个问题——如何在典型的行为研究中处理一些复杂的概念，如态度、智力、焦虑、适应性等。这些概念很复杂，每一个概念都包含许多相互联系的成分，而且这些成分的数量和它们的内在联系都是未知的。例如，智力由许多种能力组成，包括数字的、空间的、言语的、社会的，甚至可能还有其他能力。因此，层面理论提供程序来界定概念的成分并描述它们之间的相互关系。

复杂概念的测量往往涉及多个变量。事实上，一些研究者认为多元变量的测量并不复杂，只需要合计变量的总分就可得到一个"量表"，因此就有了焦虑量表、家庭依恋量表、智力量表等。本书所展现的简单逻辑思考方式表明，虽然这种处理变量的方法很常见，但是不合理的，而且也得不到有意义的科学结论。

层面理论认为，对任一概念的有效测量取决于研究理论的假设，而不能由程序中的命令来控制。因此，在本书更详细的描述中，"量表"这一术语仅指层面理论中的 Guttman 量表，其特点是观察结果高度一致，且这种观察结果可以被假设和验证。如果量表得到验证，那么量表就可以成为测量的理论基础。如果量表得不到验证，说明对单一的量表来说，概念太复杂，应该使用多元尺度的部分顺序量图来进行分析。

层面理论为整个研究提供了实用的工具，如为实证研究提供了定义概念的形式化方法；为阐述和选择研究变量提供了技术；为陈述假设提供了映射语句。而且，层面理论还为验证所使用的结构及进行测量提供了多元数据分析程序。层面理论力图将研究设计、观察变量、数据分析、理论验证及测量整合为一个统一体。

1.1 与传统方法相比，层面理论具有哪些特点

层面理论的最大贡献是它的科学直观性，这一特征使它能很好地区别于其他方法。传统方法认为变量是离散的实体并以诸如“a”影响“b”这样的方式对变量之间的关系展开详述，这种就直观性本身来说，它源于几个世纪前的力学和生物医学模式，它将现实想象为由离散的实体组成，就像桌球一样，很容易受到外力的影响。尽管大量的统计工作都是建立在这种观点之上，但很多人认为这种观点不能作为行为科学理论构建的基础。

相反，层面理论呈现出来的直观性是完全不同的。变量预先就被设想为与其他变量密切相关，实际上，变量是和来自相同领域的其他变量构成的整个网络密切相关的。在层面理论中，这一领域通常被称为“内容领域”（content universe），即说明概念是相互关联的连续体，而不是离散的实体。

直观性有如下几层含义：首先，每个观测变量在物理空间中仅呈现为一个点，因此，它不能代表整个概念，而且任一有限的变量仅仅取自空间的一个样本；其次，概念本身可以被定义为变量的总体，正如一个空间可以被定义为组成它的点的总和；最后，可以通过组成概念的成分来研究概念，这就如同可以通过探索地理区域来研究一块大陆。

将力学中的桌球直观性转换为连续的空间或相互影响的区域，就等同于在自然科学中的历史性变革，其中经典力学让位于重力场、波动方程及结构化的空间。

如何比较层面理论与传统的因子分析法呢？在因子分析法中，对变量的抽样直接影响了对公共因子的提取及对它们之间关系的解释。对因子的界定取决于抽样样本的聚类模式。相反，有着连续空间直观性的层面理论将观察变量仅仅作为内容的一个样本，并在空间中用点来表示抽样变量，从而可以推测出整个概念空间的结构。

本书将会介绍，层面理论有利于在实证数据中发现结构化规律。读者将会发现这种观点有助于发现不同种类材料的规律性。因此，本书将通过介绍具体实例的方式，指导读者在研究中运用层面理论解决问题。

1.2 层面理论的作用

首先，层面理论提供了一种对研究进行概念构思、选择或构建与研究目的一致的变量以及形成假设的策略，并提供了完成这些工作的工具——映射语句。映射语句技术将在本书第一部分进行介绍。映射语句除了可以用图解来呈现，它还提供了描述、修改并完善研究概念及设计的可能性。利用映射语句，可以加强现有形式化

程度，有利于研究的比较和科学知识的积累。

其次，层面理论的数据分析程序与它所提出的连续空间图像是密切相关的。在层面的最小空间分析和多元尺度中的这些分析程序将在本书的第二部分作进一步描述和解释。虽然这些程序使用方法简单，但仍依赖于先进的多元计算机程序。本书将会涉及这些程序及其使用方法，而对那些不需要效率和层面理论知识应用的实质性领域，其技术细节没有作详细描述。

最后，为验证概念结构和进行有意义的测量，层面理论进行了内容设计与数据分析的整合。最小空间分析是通过对实际概念空间的系统研究来验证概念结构的主要工具。多元尺度是通过研究部分顺序空间量图来进行有意义测量的主要工具。

1.3 本书框架

本章的开始，是讨论实证科学中的一般性评论及数学（特别是逻辑学）的作用，目的是为激励研究及层面理论的应用提供常识性的背景。本章的结尾，着重于对问题理论的介绍。问题是科学研究中的关键元素，即便是偶然研究它们的结构和作用都是很有启发性的，确切来说，这种思考方式为理解层面理论铺平了道路。

本书的两个主要部分包括层面设计（第Ⅰ部分，从第二章到第六章）和数据分析（第Ⅱ部分，第七章和第八章）。在第Ⅰ部分第二章开始，主要介绍映射的概念，并解释其与实证观测结果之间的关联。第Ⅰ部分第三章讨论观测结果的共同反应范围的作用。在第Ⅰ部分第四章中，为了系统地区别观测结果，介绍了内容层面，并解释其概念结构。第Ⅰ部分第五章说明了在行为系统中如何根据反应范围层面和领域层面使用语言来陈述形式化的定义和假设。第Ⅰ部分第六章阐述了通过操作观测领域（或层面）来构建、修改及重新设计研究领域的映射语句。

第Ⅱ部分主要综合层面设计和直观图介绍层面理论独具特色的数据分析方法。第七章，层面的最小空间分析 FSSA 是一个用于探索研究领域的实证结构和验证区域假设的有效程序。第八章，通过部分顺序量图分析程序 POSAC 来解释多元尺度并将其作为对观测对象进行多维测量的工具。

1.4 科学研究的本质

人类个体和人类社会在科学研究方面投入了很多精力，促使他们这样做的动机是什么呢？推动人们进行研究的一个主要因素是人类天生的好奇心，也许所有生物都具有这种好奇心。事实上，一个婴儿会展示出可能被认为是好奇的行为，婴儿早期就会通过观察周围的环境来寻求基本的需要，如食物、住所及安全设施。了解环境有助于生物体去适应环境，使它们能获得足够的营养、避免危险、寻求温暖等。这种与生俱来的探索行为有利于知识的积累，并将知识储存到大脑中。

但是，“环境”包含了许多个体无法完全理解和解释的现象。生物体如何利用各种刺激呢？应付这些刺激的前提条件是将刺激进行分类。例如，将猫暴露放置在一个有着各种声音的环境中，其中一些声音暗示着危险，另一些声音可能表示有猎物，还有一些声音是期望得到伴侣。猫会对每一种声音作出适当反应，如逃离、攻击或发出咕噜声等。当然，也有些声音会被忽视，猫认为这些声音是“不相关的”，这样的刺激被认为属于“中性刺激”。

（内容）层面是对刺激的分类

事实上，任何生物都拥有大量知识，使得生物体能调整其内部生命活动并与外界进行交流，以便更好地生存。这些知识可视为一种本能。

作为生物，人类天生就具备生物性本能，而且在一些特殊领域中，人类很清楚自己具备什么知识或缺乏什么知识。在日常生活中，人类寻求知识的活动是精细巧妙的。例如，在预期可能会有大量游客涌入的假期，酒店经理会加强对员工的管理、增添大量的食品或其他物资。为了估计游客的数量，他还可能会调查天气预报及其他因素。酒店经理不但知道什么对他重要，还意识到他应该知道什么或不需知道什么。

有关环境、现象之间的关系及如何组织环境的知识给人的感觉都是一致的、令人愉悦的，并且可能会以不止一种方式来回报。这就是在日常生活中所有人类都会被“常识”所引导的事实。

那么，如何区分科学研究和常识探索呢？在日常生活中，收集的是印象，而在科学研究中记录的是观察结果。在日常生活中，对现象的分类模糊，特别是以功能为基础的现象，而在科学研究中分类明确，要求有作分类标准的这些功能具有相同的持久性或真实性。在日常生活中，可以含糊地解释现象相关或不相关，而在科学研究中，却要定义关系并测量出其的大小。同样，构建一个非形式化的现实图像，根据它们之间的认知关系对目标客体进行操作处理，而在科学研究中仅限于在精确的相关领域中推导法则和公式。因此，科学研究不同于常识探索之处主要表现在其形式上。在本文中，形式化意味着在探索及获得知识的过程中给出其外部表现形式。

即便是微生物也拥有大量的有效知识。它们懂得如何寻求阳光、逃避危险、吸收营养、繁衍种类及与其他有机体合作以得到所有这些东西。这方面的知识可以称为“生存性知识”。人类作为复杂的生物完全具备这种潜在的知识，另外，人类有能力意识到他们知道什么或不知道什么。这种能力得以训练仅仅凭借了生存性知识中的一小部分，它就是常识。

此外，作为经过认知训练的科学家有解释他们所拥有的知识的能力，而这种能力得以训练，仅仅凭借了一小部分常识。由于外部的、形式化的符号需要特别说明，所以这方面的知识称为“形式化的知识”（formal knowledge）。

生物体知道的，称为“生存性知识”；人类知道的，且知道他们知道什么，称为“常识”；科学家知道的，且知道他们知道什么，并知道他们是怎么知道的，称为“形式化的知识”。

当然，知识的这三个层次（生存性知识、常识、形式化的知识）并不是截然不同的，它们之间可能有交叉的地方。也许“直觉、预感、灵感及有根据的推测”的重要性在于：每一种知识水平都源于前一种水平的知识和见解，并且保留了前一种知识水平的大部分。因此，在科学知识中仅仅将关键的部分形式化，而将其余部分用日常用语来表达。

知识的形式化

形式化能使研究者形成假设并用相对清晰的措辞，确切地陈述自己的调查结果。这对伴随研究的反思是至关重要的。形式化能使研究者可靠地向同事报告他们的假设和调查结果，以便他们能重新验证结论，证实或否定它们，限制或推广它们，另外还有助于知识的积累。形式化能使科学的思想和发现从这一代传承到下一代，对知识的积累、储存和演变是很重要的。总之，无论是在研究小组之间，还是在科学团体之间，抑或是面对那些储存和积累知识的学生和研究者的下一代时，研究的形式化对研究交流都是很有必要的。

事实上，在科学杂志、书籍、会议和讲座中，科学家花费大量的时间去努力交流他们的研究结果。其实，交流是科学活动必不可少的一部分，许多科学家会告诉你，直到他们与别人交流他们的工作成果时，他们才完全理解并去发展它。但这并不是说科学研究过程中的一切都是形式的，相反，科学发现依赖于直觉、猜测、顿悟、灵感及偶然事件。这些东西及其他非正式的活动是点燃想象力以及激发寻求规律及理论的火花。但科学活动的特点是它承诺尽可能用形式化的语言去描述研究结果或理论。

1895 年发生了这样一个故事，Wilhelm Konrad Roentgen 在他的抽屉里将一把钥匙放在了密封的照片底片上，因此底片被弄坏了，钥匙毁坏了底片并把它的形状印在了底片上。从这样一件恼人的事情中很自然地会得到这样一个合理的结论：“绝对不要把钥匙放在照片底片上。”如果你习惯归纳常识（仅仅为了安全起见），那么结果可能是“绝对不要把任何东西放在照片底片上”。也许，Roentgen 是一个明智的人，那样的结论可能在他的头脑中闪过，这一点并不能确定。但肯定的是，作为一位科学家，他的疑惑多于气恼，在没有任何曝光的条件下，钥匙的印记是怎么留在底片上的呢？围绕这个问题所展开的调查研究导致了 X 射线的发现。

数学在科学中的作用

在所有实证科学中，数学就是一种形式化的语言，能有效地沟通现实中的某些方面，如定量分析、逻辑、几何或概率论。科学分支越发达，数学的应用就越广泛，因为科学活动的很多部分都是形式化的。通常实证科学激励着数学中的新发展，以满足独特的需求。有人说“数学是科学的皇后与仆人”。数学是皇后，因为它自身的形式化水平高于一切实证科学；数学是仆人，因为它的作用是帮助实证科学达到其目的，以便更好地（形式）理解环境。

对数学的恐惧（或不愿意形式化）

任何试图教会学生或他本人将智力活动形式化的行为都可能遇到阻力。在古代科学中，有这样一个事实：“只是死记硬背枯燥的公式”是学生被迫学习基础物理时抱怨得最多的一句话。反对形式化在较新的行为科学中表现得更明显，而这些行为科学很大程度上依赖于常识。一个学生可能会通过这样的陈述来反抗：“你不能把人类简化为数字。”当然，目前科学的确是用符号、数字、图像或其他形式的符号来表示人类（老鼠、组织及社会网络）的许多方面，这使得他们的假设和研究结果更易追踪、交流，更有利于知识的综合发展。

反对形式化的根源是什么呢？这可以通过一个人想学习水的现象这一活动来获取答案。在日常生活中，此人已经在许多不同的场合接触过水：目睹了波澜壮阔的宽广海洋，在大江中起航，在筋疲力竭的远足后从小溪中取水解渴，欣赏瀑布，逃离暴风雨，跳进游泳池，享受热水沐浴，亲眼看到并亲身感受雪、雾、冰川及彩虹。如果没有适当的准备就告诉他，水仅仅是由氢和氧两种元素组成的化合物，可以用 H_2O 这种形式来表示，这个人就算不会很愤怒，也会觉得很失望。

能不能将所有这些含义丰富、令人激动的水的体验简化为一个枯燥乏味的东西，如 H_2O 呢？仅仅是从纯粹的水的概念来考虑，是可以这样做的。事实上，水的表达式并不能捕获其丰富的生活体验，它甚至不能完全描述其物理特征。然而，H_2O 确实是水的分子式，是一个对科学技术有着深远影响意义的概念。

我们有充分的理由认为：反对形式化的原因是害怕失去伴随最初的、健康的、体验的、天真的美丽。科学家往往关注现象的某些方面，而忽视其他方面。更糟糕的是，这常常要求个人忽视他所知道的，而去关注那些显示有希望被形式化的方面。这是困难的，因为代价是即时的、肯定的，而收益是遥远的、难以预测的。但一旦成功，无论在重新再现美丽还是在实际的报酬方面都会得到更多。

层面设计有利于研究内容的形式化。

1.5 问题及其在科学研究中的作用

这一节有效地区分了研究问题和观察问题。在社会学和心理科学中，后者常常采用问卷的形式或开放式访谈的方法。层面理论的主要贡献之一就是能够合理设计出满足研究需要的问卷。

什么是问题

定义：问题就是希望获得信息的询求。如：

“现在几点了?”显然是一个信息询求，因而这是一个问题。

“告诉我你的罗马之行”也是一个问题。虽然不是一个带问号的句子，但它是一个信息询求，因此也符合对问题的定义。

“你为什么这么天真?”不是一个问题。虽然它是一个反问句，但并不要求得到信息（尽管用了问号）。

请注意，上述对问题的定义是科学定义，和词典定义不一样，词典定义中强调句法属性，如语序和带有问号等。

答案是对问题的反应。一个句子可作为几个不同问题的答案。从这个意义上说，在科学研究中，事实往往不为自己说话。例如，“这个苹果是红色的”可以是以下问题的答案：

“哪一个苹果是红色的?”“这个苹果是红色的。”

“什么物体是红色的?”“这个苹果是红色的。”

“这个苹果是什么颜色的?”“这个苹果是红色的。”

切题答案（relevant answer）就是能够提供所需要信息的答案。显然，如果一个问题没有明确需要的信息，那么任何答案都是切题的。

焦点问题（focus question）就是明确所需信息焦点的问题。如：

“现在几点了?”是一个焦点问题，焦点是时间。

“Harry 怎么了?”焦点是 Harry。

“哪一个苹果是红色的?”焦点是红色。

“这个苹果是什么颜色的?”焦点是这个苹果。

“那又怎么样?”是一个非焦点问题。

焦点答案（focus answer）是对焦点问题中焦点的回答。如：

问：“Harry 多大了?”答：“Harry 去上学了。”这是一个焦点答案，因为它涉及问题的焦点 Harry。它是一个切题答案吗?严格来说，它不是一个切题答案，因为它没有提供所需要的信息。

问：“美国的犯罪率有多高?”答：“Philadelphia 的犯罪率是千分之八。”这是一个切题答案，因为它提供了犯罪率的信息。然而，这并不是焦点答案，因为它没有提到问题的焦点，即美国的犯罪率。

问：“Wander 镇的家庭成员平均多久去一次购物中心?”答：“每星期 2.8 次。”这是一个焦点答案且是切题答案（不管它正确与否）。抽象的“Wander 镇的家庭”是这个问题的焦点。

反应范围问题（ranged question）是指定一组切题答案的焦点问题。如：“用厘米表示 Harry 的身高，他的身高是多少?”是一个反应范围问题，它可能的答案是{0，1，2，……，250}。“Ness 湖有水怪吗?”也是一个反应范围问题，答案是{有，没有}。

问题的作用

在科学研究中，问题主要有两个作用。看看下面这一问题：“用 Pearson 相关系数（-1.00 到 +1.00）来衡量大学生的统计学成绩与心理学成绩的相关，该相关系数是多大?”这个问题很可能是学业成就研究的主题。如果是，则称之为“研究问题”(research question)，并将“大学生统计学和心理学成绩的相关性”作为问题的焦点。因此，研究问题是由实证科学家为了通过实证研究得到答案而提出的焦点问题。

假设这个研究问题的确能表示出大学生的心理学成绩和统计学成绩之间的关系，似乎这个研究问题不能通过直接观察而得到答案。更确切地说，应该设计一个包含实证观察和估计测量关系的研究，如 Pearson 相关系数，其范围从 +1.00（完全线性正相关）到0（完全不相关），再到 -1.00（完全线性负相关）。这个实证观察来看必须基于以下问题：

Susan 的心理学成绩是多少?（0 到 10）

Susan 的统计学成绩是多少?（0 到 10）

类似的问题也可以用来问 Harry，Arlette 及要调查的学生群体 P 中的其他成员。

在现有背景下，这些问题都是作为观察问题。每一个观察问题的焦点是个人，观察的是个人的成绩。观察问题是对直接的实证观察作出反应的焦点问题。如上面例子所示，观察问题在焦点和所要获得的信息上完全不同于研究问题。然而，有时研究问题和观察问题之间可能会部分重叠，如：“木星有多少个卫星?”

如果这一研究问题要通过直接实际观察（例如，直接数卫星的个数）才能得到答案，它就几乎与观察问题是一样的。在这种情况下，两种问题的焦点和寻求的信息是相似的。

通过预先指定观察问题的可能反应范围，可以将感兴趣的可能答案的概念形式化。在态度问卷中，经常给被试呈现问题和一系列供选择的可能答案。

在最近工作价值观的研究中，研究人员给出了如下问题：“在你的工作中，对别人负责对你来说有多重要?”并给出了如下回答范围：

1. 非常重要
2. 重要
3. 有点重要
4. 不重要

这一反应范围从两个方面限制了对信息的记录：首先，指定了 4 点量表的范围是从非常重要到不重要，它暗示了不需要得到更精细的反应（如通过 7 点量表就可以得到)。这就类似于这样一种情况，询问一个人的年龄之前可以将信息精确到如20岁零4个月。其次，这个问题事先就对研究内容进行约束。问题范围不允许出现这样的答案：“工作中不需要对别人负责，这对我很重要。”在这种情况下，这种限定并不是研究者的意图，在后续研究中他将反应范围修改如下：

1. 有……对我很重要
2. 有……对我重要
3. 有……对我有点重要
4. 有没有……对我都不重要
5. 没有……对我有点重要
6. 没有……对我重要
7. 没有……对我非常重要

因此，在研究概念设计及确定要记录什么信息时，为观察问题指定范围很重要。变量是一个具有可能答案范围的焦点观察问题。

研究问题也可能有一个规定的范围，它反映了科学家在研究领域中的现有观念。有时这个范围是非形式化的或不明确的，有时是形式化的、明确的。如：“大学生的心理学成绩与统计学成绩有什么相关性?”

研究者可能希望验证的假设是：上面问题中的相关系数都大于0.10。这个假设相当于在下面研究问题的范围中将“是的”作为首选答案，“大学生的心理学成绩与统计学成绩之间的相关系数比0.10大吗? {是，否}”。

在科学发展的过程中，提出假设很有价值，不管此时假设是否被验证、否认或尚未确认其真实性。假设关注的是在特定时期某一学科备受关注的问题，而且假设反映科学家的预期，而且假设往往不是单一的假设，它与更广阔的世界观或思维模式有关。并反映科学家的预期，不仅和特定的假设有关，而且常常也和更广阔的世界观或思维模式有关。

第 I 部分
层面设计：构思研究内容

第二章　映射与分配

许多科学活动可以处理符号的表征和操作，并可以确定现实中定义明确的各个方面的合法性。所有这些运算都取决于基本的概念：映射（mapping）。虽然有时意识不到，却经常使用映射这一概念。映射的本质是从一事物到另一事物系统的心理转换过程。因此，形成一个内容设计，构思一个测验项目或提出一个假设时，确认和陈述所使用的是哪种映射是十分重要的。

层面分析借用了数学家关于映射的概念，并且把它应用于问题、定义的构想，以及科学理论结构的探索中（Shye，1990）。经证实，映射和分配（assignments）这对概念对所有行为科学的分支都是非常有用的。本章介绍这一思想框架，并举例说明这种定义性操作是如何帮助构思研究内容的。

图 2.1 中的照片是意大利（陆地和水），右侧绘制的图形是按 1∶2 比例制作的意大利地图。绘制意大利地图（或映射意大利）要涉及在纸上再现意大利的地理特征，如城镇、河流等，描绘的每一个特征都是一个重要的目标，在地图上的表示即是它的镜像（image）。换言之，意大利的每一个焦点（focus）在地图上都分配了一个像（image）。

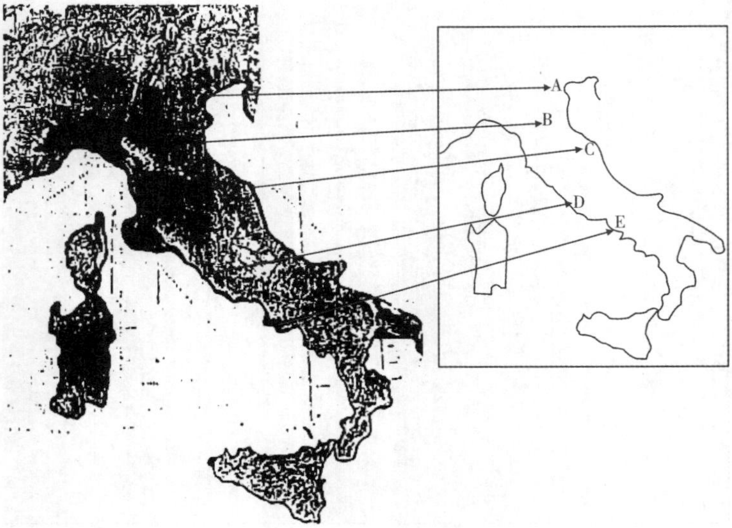

图 2.1　意大利地图

可以用图2.1来说明映射的概念：在这里映射的概念涉及意大利的位置分配（映射域 mapping domain，这里用卫星照片表示）和意大利地图上的点（映射范围 mapping range）。层面理论从数学领域借用了“映射”的概念，而数学中的“映射”概念来源于地理学。

执行这些分配的法则叫做“映射”。一个映射被看作是一个转换，域（意大利）中的点被变换成在范围（意大利地图）内清晰可辨的像点。

数学借用地理学的术语“映射”，命名了一些类似的事物：从一个集合（定义域）向另一个集合（值域）分配元素。中学数学中，函数f：$X \to Y$，从域集X到值域集Y，可以表述为数集到数集的映射（X、Y可以是相同的，也可以是不同的集合）。

例如，假设X是一个整数集（正整数、负整数和零），设想函数$y = x^2$。这个映射从由正整数和零组成的集合Y中分配给集合X中的每个整数X一个数值，这种分配可以用图形表示（如图2.2a和2.2b所示），也可以用表格表示（见表2.1）。在学习这些映射表达式时要注意：一个焦点只有唯一一个像，但一个像可以有多个焦点（-3和$+3$在x^2的映射条件下有9作为它们的值域）。

当然，任何其他映射（如$y = x + 2$）也可使用。从某种意义上说，地理映射与数学映射没什么不同：两者都涉及值域（每个像）的每个元素对域中每个元素（焦点）的分配。在上面的例子中，映射$y = x^2$把9分配给3，映射$y = x + 2$把5分配给3。

假设关注一个中学生Ann，问她一个问题：“Ann，你只爱谁?”这个问题的反应范围是{David，Ian，Barnard，……}，这是Ann的男同学集。通过调查（如向Ann直接提出问题）可以显示出Ann爱John。可以写作：

Ann ⇒ John
爱

这就是说，映射y =“某人x爱”分配John给Ann。特定的分配用双线箭头表示出来，这样分配的法则就明确了。

班里其他女生还有不同的分配：

S1usan	⇒	Frank
Mary	⇒	John
Nancy	⇒	Sam

这些分配的集合就构成了一个映射，女生的集合是映射的领域，男生的集合是映射的反应范围。

在一个映射中，一个焦点不但可来自单一集合中的单个元素，还可以是来自众多集合中某一指定集合中选出的元素组成的一个二元组（或三元组等等）。例如，$h(x, y) = x + y$ 是一个分配 $x + y$ 值给每个数值对 x 和 y 的一个映射，这个映射可以用图形或表格呈现出来。总的来说，给定 n 个集合中的任一数值，一个 n 元组（即二元、三元等等）可以由每个 n 成分集合中选出一个元素组合而成。由这种方式组成的所有 n 元组的集合称作一个笛卡儿集合（Cartesian set）。在一个笛卡儿集合中的每个元素组合都是一个层面。正如上例所描述的，$h(x, y) = x + y$ 映射是来自于笛卡尔集的 xy，而不是来自于单一的集合。

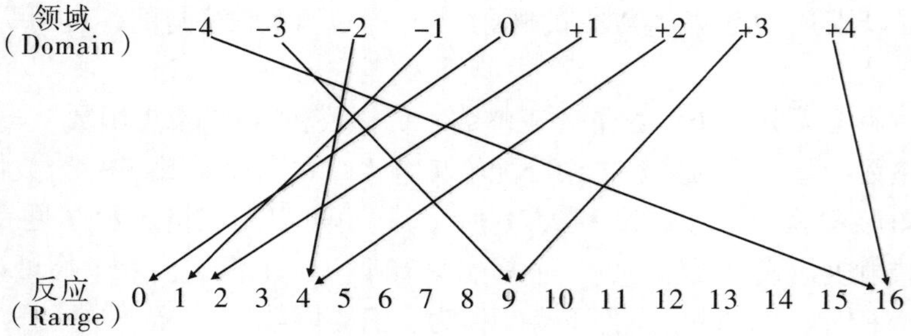

图 2. 2a　$y = x^2$：整数集到非负整数的映射

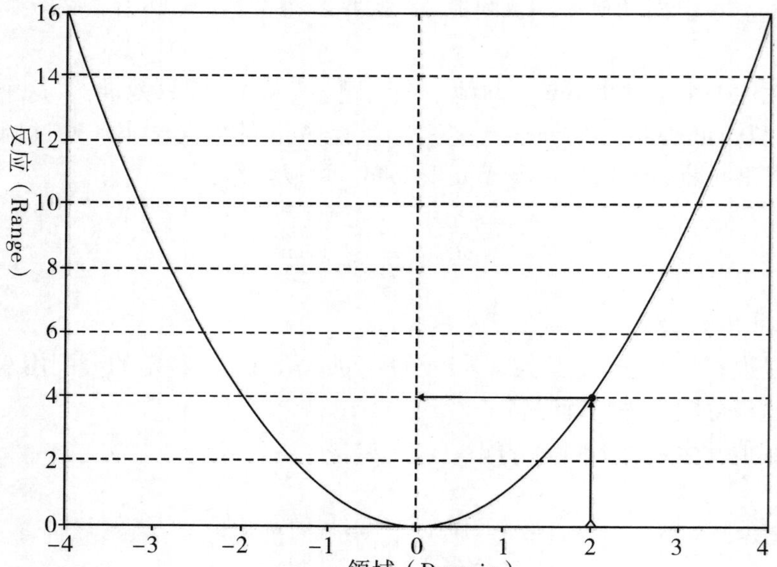

图 2. 2b　映射 $y = x^2$ 的图示

表 2.1　$x \to x^2$ 的所有映射数值

焦点 x	像 $y=x^2$	分配表达
-4	16	$-4 \Rightarrow 16$
-3	9	$-3 \Rightarrow 9$
-2	4	$-2 \Rightarrow 4$
-1	1	$-1 \Rightarrow 1$
0	0	$0 \Rightarrow 0$
$+1$	1	$+1 \Rightarrow 1$
$+2$	4	$+2 \Rightarrow 4$
$+3$	9	$+3 \Rightarrow 9$
$+4$	16	$+4 \Rightarrow 16$

2.1　服务于观察设计的映射：映射语句

在这部分，首先要注意，每个限定反应范围的问题都是一个映射，每个带有答案的问题都是一个分配。这个超简单的概括，提供了一个方式，把观察问题的整个系统纳入一个统一的框架下。反过来，这个统一的框架有利于清晰、灵活地设计和调查研究问题。

可以假定下面的陈述：

Mary 爱 John。

虽然在日常言语中这个陈述看上去是清晰的，但作为一个科学问题的答案时，它的意义却是模棱两可的。正如看到的，它可以是下列问题中任何一个问题的答案：

Mary 爱谁？

Mary 对 John 的态度是怎样的？

谁爱 John？

第一个问题：Mary 爱谁？这个问题所关心的焦点是 Mary，数值 John 从集合中所有可能值中选出来分配给 Mary。这个分配可以表达为：

$$\text{Mary} \underset{\text{爱}}{\Rightarrow} \text{John}$$

在任一给定的应用中，焦点（这里是 Mary）可能仅仅是来自某一个特定集合中的一个元素。例如，中学所有女孩的集合，或指定的某一城镇所有女孩的集合，或指定的某一大学所有学生的集合。具体来说，假设焦点集是｛Mary，Sara，Janice，Susan｝，焦点对应的像（这里是 John）也是指定集合中的一个元素，如果这个像来自高二所有男孩的集合，那么像集（image set）可以是｛John，Frank，Bob｝。

分配（这里是“爱”）的法则或意义也可以是来自明确的意义集合，起初看上去并不明显。举例说明，爱是来自于人际关系集合中的一个元素，其他可能的元素是钦佩、讨厌、友好、发怒。纵向表达这个“意义集”：

{爱　}
{钦佩}
{讨厌}
{友好}
{发怒}

通过一个法则（意义，例如：爱）给焦点（女孩）的所有可能的分配（男孩），可用图式表达为：

焦点	意义		镜像
{Mary}	{爱}		{John}
{Sara}	{钦佩}	→	{Frank}
{Janice}	{讨厌}		{Bob}
{Susan}	{对其友好}		
	{对其发怒}		

以上表达是从焦点集和意义集到反应范围（预先明确的像集）的所有映射的一个总体框架，这种映射框架的表达式称为“映射语句”（mapping sentence）。映射语句指明了映射的领域和反应范围，领域由焦点集（focus set）和意义集（sense set）组成，反应范围是可以分配给焦点的像集（set of images）。映射语句中将领域和反应范围分开的箭头说明了领域中的元素与反应范围内的元素之间的对应分配（转换）关系。单线箭头用于表明映射框架（双线箭头仅用于表示某个特定的分配）。一个映射语句每个层面之间可能还包括普通语言中的连接词句。然而映射语句并没有详细说明映射本身，因为它并没有说明实际分配的是什么。在实证科学中，从研究领域到反应范围的特定分配要受实证观测值的影响。

在一个映射语句中，焦点集和意义集被放在箭头左边，也就组成了观察的领域。从焦点集和意义集各选一个元素组成的每个组合，都表达出一个特定的问题。例如：

Mary 爱谁？
Mary 钦佩谁？
Susan 对谁友好？
Janice 对谁发怒？

在这个实例中，可以用语言表达出20（4×5）个此类的问题。焦点集和意义集两个集合就是成分集合（component sets），它构成了笛卡儿集合。这个笛卡儿集合的元素是20对组合：

Mary 爱
Mary 钦佩
Mary 讨厌
⋮
Susan 对……发怒

在这个例子中，被看作是人际关系的可能对象的人组成的集合是｛John，Frank，Bob｝，它们被放在箭头右边，表明这个镜像的集合就是映射的反应范围。

这些对象的集合——概念、人等，被称作一个层面，它相当于笛卡儿集合中的一个成分集合。

2.2 幂集

上述的映射设计并不令人满意，原因在于它产生了不切实际的假设：也就是说，人际关系一定要指向一个而且只能是一个人。但在现实中，一个人可能会钦佩、讨厌或喜爱一个既定人群中的任何人。例如，Mary 可能爱 John 和 Frank，钦佩 Frank，或讨厌他们所有的人等。另外，Sara 可能爱既定人群中的一些人，或对他们每个人都不友好等。

在正式术语中，把幂集（power set）定义为由原集合中所有子集所构成的集合。如果用双线表示幂集，就可表达出更好理解的映射语句：

焦点	意义		镜像
｛Mary｝	｛爱｝		‖John‖
｛Sara｝	｛钦佩｝	→	‖Frank‖
｛Janice｝	｛讨厌｝		‖Bob‖
｛Susan｝	｛对其友好｝		
	｛对其发怒｝		

这个双线围住的集合｛John，Frank，Bob｝是为了说明这个反应范围集的元素实际上是集合｛John，Frank，Bob｝所有可能的子集。这些子集是｛John｝，｛Frank｝，｛Bob｝，｛John 和 Frank｝，｛John 和 Bob｝，｛Frank 和 Bob｝，｛John，Frank

和 Bob}，{他们中任何人都不包括（空集）}。在这种情况下，有效的反应范围包含了 8 个而不是 3 个元素。例如，由实证观察获得的特定分配可能是：

Mary 爱	⇒	{John，Frank}
Mary 钦佩	⇒	{Frank}
Mary 讨厌	⇒	{Frank，John，Bob}
Susan 爱	⇒	{nobody}

2.3 把幂集拆分成实用的反应范围

可以用更精致的方法显示相同的观察设计。不是提供所有子集的集合，而是把反应范围拆分成三个{是，否}层面，分别用来指代 John，Frank 和 Bob。

焦点	意义		反应		
			人际关系的实测效价		
有关人士	人际关系		针对：John	Frank	Bob
{Mary} {Sara} {Janice} {Susan}	{爱} {钦佩} {讨厌} {对其友好} {对其发怒}	→	{是，否}	{是，否}	{是，否}吗？

用这种方法，这个幂集被分解为三个普通的集合。这些集合是映射的反应范围层面。它们组成了一个笛卡儿集合，包括焦点对应的所有可能的镜像。单线箭头指明这个映射是考虑到的所有分配的框架，而通过实证过程确定的分配用双线箭头指示。例如：

Mary 爱	⇒	[John：] 是；[Frank：] 是；[Bob：] 否
Mary 钦佩	⇒	[John：] 否；[Frank：] 是；[Bob：] 否

在这个框架下，可以有 20 个这样的分配，但由实证观察获得的所有分配，可能肯定了某个特定的假设，也可能否定了这种假设，还可能对假设不确定。

在研究中，映射语句是实证观察的定义框架，它理论上指定了能够记录的所有观察到的分配。映射语句的作用不仅在于它的细节，而且在于它的省略部分，细节可以告诉研究观察的是什么，省略部分可以告诉实际中在一个特定研究中没注意到的或没记录的内容。上面的映射语句就没有记录这些事实，如"Ann 钦佩 John"，"Susan 爱 Jack"，"Mary 是 Frank 的邻居"或者"Mary 对 Sara 很友好"。在说明这些层面元素时，注意这些省略，给研究者一个机会再次考虑这些省略是有意的还是因疏忽造成的。

2.4 把反应层面转换成领域元素

既然反应层面（range facet）都能用同样的语言表达，那么就可以把 John，Frank 和 Bob 这个集合并入映射的研究领域。这种观察设计的新形式更接近实际观察的问题（变量）。上面的映射语句也可以写为：

{Mary}	{爱}	{John}		
{Sara}	{钦佩}	{Frank}		{是}^{15}
{Janice}	{讨厌}	{Bob}	→	{否}
{Susan}	{对其友好}			
	{对其发怒}			

这里，已经把反应范围层面（实际上是他们的名字）的各个不同部分合并到映射语句的研究领域中，并产生一个新的领域层面，例如：相关的人。

在分配上，焦点层面保留了集合{Mary，Sara，…}；分配的镜像取自于集合{是，否}（即可以选“是”或“否”），但是意义层面由两部分组成——人际关系和人际关系的对象。例如，一个观察结果可以引出下面的分配：

Mary ⇒ 是
爱 John

从每个意义层面选取一个元素，这些元素构成了不同的元素组合，针对焦点层面{Mary，Sara，……}中四个元素的每个元素，都会产生 15 个不同的意义。上例中用反应范围层面的上标“15”来表示。

总的观察值有 4×15 =60 个，可以排在一个阵列中：

意义：	爱			钦佩			讨厌			友好			发怒		
焦点：	J	F	B	J	F	B	J	F	B	J	F	B	J	F	B
Mary	Y	Y	Y	N	Y	N	N	Y	N	N	Y	N	N	N	N
Sara	N	N	N	N	Y	Y	Y	N	N	N	N	Y	Y	Y	Y
Janice	N	Y	Y	Y	N	N	Y	N	Y	N	Y	N	Y	N	N
Susan	Y	Y	Y	Y	Y	Y	Y	N	N	N	N	N	N	N	N

Y 和 N 分别代表 yes 和 no；J，F 和 B 分别代表 John，Frank 和 Bob。

这样的排列通常被称作“数据矩阵”，后面会回到这一矩阵并对它作分析。

2.5 完善反应范围

用映射的观念设计问题时，映射领域提供了问题的重要特征，映射反应范围提供了对问题可能的或可接受的反应方式。如果反应范围是｛是，否｝，那么只有是或否才被认为是有效反应，任何其他的反应都被看作是无效的。然而，通常在研究设计中倾向于以更好的或更具区分性的形式记录观察结果，这可以通过指定一个含有多个类别的反应范围来规范表达，如下面的映射语句：

P	A	B		
{Mary}	{爱}	{John}		{非常深程度}
{Sara}	{钦佩}	{Frank}		{深程度}
{Janice}	{讨厌}	{Bob}	的程度 →	{一定程度}
{Susan}	{对其友好}			{很少程度}
	{对其发怒}			{一点也不}

上例中的反应范围包含了五种反应类别，但是设计时可以使用任意数量的类别，确定需要的反应类别数量基于以下两种考虑：

技术上：可用信息的特性，例如，对个人面试情景中人际交流的考虑。

理论上：研究假设是否涉及反应类别的数量或措辞。

通常，反应类别的数量并不重要，而且可以从一个变量变成另一变量。但反应范围的这些变量具有共同的一般意义。在下面的例子中，反应范围的变量具有共同的一般意义，即“人际关系的强度”。

P		A		B		
{Mary}		{爱}		{John}		{大}
{Sara}	的这种人	{钦佩}	的强度，针对：	{Frank}	→	{……}
{Janice}	际关系	{讨厌}		{Bob}		{……}
{Susan}		{对其友好}				{……}
		{对其发怒}				{无}

在观察设计中，反应范围被排序并且有共同的意义是非常重要的，而反应范围的种类不需要有确切的数量，可能有任意多个类别（但不少于两个）。

本章介绍了实际研究中的基本概念：映射与分配。映射（用单线箭头表示）的基本要素是领域集、反应范围集和将领域元素转换为反应范围元素的对应法则。分配（用双线箭头表示）由领域元素、反应范围元素和构成此分配的相同法则组成。还介绍了如何通过把概念的结构从映射法则或映射反应范围移到映射领域的方法，重新制定映射格式。这样不但简化了研究设计，也不改变原研究设计的丰富性，还简化了反应范围层面。

反应范围层面对统一概念设计和结构化测量都很重要，因此下章将介绍观察设计中反应范围层面的作用，并着重讲解概念的共同意义反应范围，或简称共同范围。

练习 2.1

在一次采访中，布朗先生说他非常满意他的工作，因为他独自生活，而工作给了他与他人接触的机会。当问及他的工作内容时，布朗先生回答说是非常常规的工作，很少有创新的机会，但他经常有机会解决一些技术问题，这使他受到重视，因此他认为工作很有意思。

根据以上描述，完成下列问题：

a. 确定这项工作可能具有的特征。

b. 基于这些特征，针对类似布朗先生的人，提出几种映射的反应范围，并写出映射设计。

c. 把多个反应范围层面并入它的领域层面，设计一个单一反应范围层面的映射语句。这个反应范围是共同反应范围吗？

d. 基于映射语句，编制一个关于工作态度的调查问卷。

第三章　反应范围层面：实现镜像

1974 年，耶路撒冷召开了一个关于层面理论及美洲国家教育研究者对其在教育领域中的应用的研讨会。在为期两周的会议即将结束时，与会人员在耶路撒冷一个极具东方特色的饭店共进晚餐，并委托厨师设计菜谱。一些荤菜被端上来之后，Louis Guttman 教授对他面前盘子里的食物很好奇："这到底是火鸡肉、鸡肉还是鸽子肉呢?" 厨师过来时，Louis Guttman 教授就问道："请问这是什么肉?" 厨师自豪地回答："摩洛哥式。"

Louis Guttman 教授头脑中关于肉的分类层面是：

鸡肉
鸭肉
鸽子肉
火鸡肉
……

厨师头脑中关于肉的分类层面是：

法式
摩洛哥式
意大利式
美国南部式
……

在日常生活中，反应范围不明确也许会得到令人发笑的回答。在科学研究中，反应范围模糊会增加研究成本或降低研究效度。反应范围是研究设计中非常重要的部分，其选项和格式的设计直接关系到项目和问卷的结构，它确定了实际观测中需要记录的内容：物体的重量是多少磅？人们每分钟眨眼的次数是多少？1990 年各国的人均收入是多少美元？反应范围不仅有意义，如重量、事件频率、人均收入等，而且指明了观测变量的单位及单位对不同观测变量的敏感度。

例如，下面的映射语句：

P=目标群体；*S*=意义层面；*R*［1］=第一个反应范围层面；*R*［2］=第二个反应范围层面

学生	能量转换		吃菠菜的频率	个体能举起的最大重量（千克）
（丹尼）			（1. 每天 ）	（低于5）
			（2. 一星期 2~6 次 ）	（ 5~8 ）
（约翰）	（吃菠菜能举起）	⟶	（3. 一星期1次 ）	（ 9~12）
			（4. 每月 2~3次 ）	（13~16）
（苏珊）			（5. 一个月1次 ）	（17~21）
			（6. 一个月不到1次 ）	（22~24）

这一映射语句提供了有关研究设计的重要信息。

第一，它确定了观测主体（即根据一些规则指定的观测人群，如所有小学五年级学生或这些学生的随机抽样）。

第二，它告诉了研究中需要观测目标人群的哪些方面，即（a）他们吃菠菜的频率；（b）他们的强壮程度。

第三，每个题目明确了需要测量和记录的内容。如关于问题（a）的题目在反应范围 *R*［1］中列出了吃菠菜频率的分类：每天、一星期 2 ~ 6 次等。它比有些反应范围精确，如｛经常，有时，从未｝，但比有些反应范围模糊，如｛一个月一次，一个月两次，一个月三次，……，一个月 30 次｝。除了明确要记录的内容，题目中隐含的信息也很重要，如此例中研究设计者并没有指出个体每次吃菠菜的数量。在研究假设中，研究者要么规定了每餐吃菠菜的最少量，要么假设每餐吃菠菜的量与研究目的无关。假设不同，研究设计的内容也会不同，它可能包括吃菠菜的数量和频率，或只包括吃菠菜的频率。

原则上，研究者根据理论和待检验的假设提出研究设想，并确定进入映射语句的内容。而事实上，这些设想和内容常常受到观测情境的制约。因此，只有在明确阐述了研究设计的情况下，个体的强壮程度才能够用他举起的最大重量来表示，测量单位为 4 千克。

3.1 相同措词反应范围

思考上例中研究设计的变形：

	层面 S：能量转换趋势		千克
人群 P 中的学生{p}	（输入：） （一年吃菠菜的数量） （输出：） （能够举起的重量） （ …… ） （ …… ）	⟶	（0） （1） （2） （3）

设计此映射语句的研究者认为，被试每年消耗的菠菜数量和能举起物体的重量能够用相同单位表示，即千克。他们利用这个事实，将不同观测变量的反应范围使用相同的词语表达，然后将多个反应范围合并，在单一的反应范围层面呈现。这种技术称为“相同措词范围”（identical phrased ranges），简称相同范围（identical ranges），它有时能统一研究不同方面，有时不能，但它为简化语句结构和考察研究内容是否存在潜在的相似性提供了方法。

为了更深入地了解这一点，第二章中人际交往的例子，用映射语句呈现的观测设计含有相同措词范围，为“是”和“否”{Y，N}：

（x）	（爱） （钦佩） （讨厌） （友好） （发怒）	（y）	⟶	（Y） （Y） （Y） （Y） （Y） （N） （N） （N） （N） （N）

因此，映射语句可简单表示为：

（x）	（爱） （钦佩） （讨厌） （友好） （发怒）	（y）	⟶	（Y）［5］ （N）

相同措词范围仅仅是技术，还是有实质意义呢？这个问题的回答需要依据具体情况而定。例如，如果研究的本质或内容是个体 x（来源于潜在人群 X）对个体 y（来源于潜在人群 Y）的积极态度，对“x 爱 y”回答“是”代表的意义（积极态度）与对“x 对 y 发怒”回答“是”代表的意义（消极态度）是不同的。因此，虽然这两题的范围措词相同，但范围的内容不同。如果研究的是人际关系或情感联系，那么范围措词相同，就有共同意义：爱和发怒都是人际卷入方式。

相同措词范围的普遍例子是将个体对某一陈述的反应范围设计为{同意，不同意}或将某事件发生频率的反应范围设计为{总是，经常，……，很少，从未}。这种相同措词范围只有技术意义，而没有实际意义。如果一系列变量需要共用一个有实质意义的反应范围，那么必须有一个可识别的一般概念，并将概念的意义赋予所有变量的反应范围（如积极态度或人际卷入）。

3.2　共同意义反应范围

如果在研究设计中，所有的反应范围层面能够根据特定意义或内容标准，从高到低排序，那么就说映射有共同意义反应范围（Common Meaning Ranges，CMR），简称“共同范围”（common ranges）。在人际关系例子中，根据人际关系强度对映射的范围进行了排序。

注意，共同范围不是相同措词范围。例如，在陈述句“约翰是个大男孩”中的形容词“大”，也许指约翰的年龄，也许指约翰的身高，还有可能指约翰在复杂情境中处理问题的能力。一种用于评估“大”的各种概念的映射语句如下所示：

	年龄 （岁）	身高 （厘米）	体重 （千克）	自理能力	算术能力 （通过测试）
	（ 3 ）	（100）	（15）		
	（ 4 ）	（100）	（20）	（一点也不会）	（很低）
	（ 5 ）	（110）	（25）	（完全需要别人的帮助）	（低）
	（ 6 ）	（115）	（30）	（需要少许帮助）	（中等）
约翰 ⟶	（……）	（120）	（35）	（完全由自己完成）	（高）
	（……）	（125）	（40）		
	（……）	（……）	（……）		

该映射语句的反应范围包括：①年龄，3 岁以上；②高度，100 厘米以上；③重量，用千克表示；④约翰的自理能力；⑤约翰的算术能力（通过合适的测验得到）。这 5 个反应范围指定了“大”的各种意义，因此有共同意义。本例的反应范围层面还可以这样表示：

	“大”的意义			“大”的程度
	（年龄）			（很大）
	（身高）			（……）
从	（体重）	测量约翰	⟶	（……）
	（自理能力）			（很小）
	（算术能力）			

这里，“大”的所有特定意义的共同范围是“大的程度”，而程度｛很大，……，很小｝以年龄、高度、体重等方式来衡量。在为系统的观测变量（a system of observations）提取共同反应范围的过程中，反应范围陈述的精确性会减少。在最后一个映射语句中，为了突出共同概念“大”，省略了测量单位。通常在提取共同反应范

围概念的过程中，映射语句的句法可能会有些不合适。

省略句法规则是为了使语意清晰，并且为观测项目（变量）创造统一的框架。在给定概念框架下，任何询问个体处理困难问题的能力，并且反应范围是从“非常高”到“非常低”的题目，与“大男孩”或“长大”等题目的性质是一样的。这种说法看上去很天真，但实际上这种设计可以作为研究的出发点，例如，它可用于儿童发展的研究。

提取共同反应范围是一项有挑战性的工作。初学者通过使用相同措词范围的题目，设想范围的意义也相同，从而简化共同意义范围过程。因此，研究者只需要使用非常同意到非常不同意，或者是非常重要到非常不重要等反应范围。但是，使用相同措词范围有时会引起误解，如前面提到的那样出题目范围的意义不能简单地从字面推测，还应涉及题目整体所表达的意义，并反映出研究者对其意义的概念性理解。事实上这两个题目都能用“是”或“否”来回答，但并不代表它们一定表示了相同的概念。

看下面的例子，这是一个关于个体与其领导人际关系的映射语句：

	感觉层面			反应范围
（X）	（喜欢） （爱慕） （生气） （害怕） （怨恨）	他的领导	⟶	（是=1）［5］ （否=2）

这些题目是否有相同措词范围？它们是否有共同意义？

回答第一个问题很简单——5 个题目的反应范围措词相同，都是｛是，否｝。第二个问题的答案依赖于研究者的目的，如果研究者想要了解被试与领导的情感关系，那么题目有共同范围，例如，对“生气”回答“是”与对“钦佩”回答“是”所代表的情感涉及是相同的。但是如果研究者感兴趣的是个体对领导的积极情感，那么这些题目的反应范围就没有共同意义，因为对“喜欢”回答“是”与对“怨恨”回答“是”所代表的意义是相反的。

以上映射语句的 5 个题目能够重新定义为测量个体对领导的积极情感的题目，如预先定义积极情感的概念时，将“对领导不生气”、“对领导不害怕”定义为积极情感。虽然（问卷中）题目不变，为凸显出实际感兴趣的概念，即积极情感，研究者可把映射语句设计修改为：

感觉层面　　　　反应范围

（X）
（喜欢　）
（爱慕　）
（不生气）
（不害怕）
（不怨恨）
他的领导 ——→
{是（积极的，或非消极的，感觉）}
{否（消极的，或非积极的，感觉）}

3.3　共同反应范围的可变性

在一项关于移民回国倾向的调查研究中，Elizur 和 Shye（1976）编制了个体对其生活各领域满意度的问卷，每个领域用三种方式表述：

过去，对原属国的满意度。

现在，对移入国的满意度。

将来，对原属国的满意度（预期满意度，是否愿意回国）。

简单的观测设计见下列映射语句：

移民（X）对其生活各领域的满意度表现

在
（房子）
（工作）
（社会生活）
（孩子的教育）
（收入）
方面，
（过去对所属国满意度）
（现在对所属国满意度）
（现在对移入国不满意度）
（将来对所属国满意度）
→
（很高）
（……）
（……）
（很低）
的满意度

这是在许多态度研究中广泛使用的共同反应范围，它用于研究不同环境下人们的生活满意程度。

1976 年的研究还包括了其他内容，如对原属国与移入国作比较，个体偏爱哪个国家。根据移民的推拉式理论（push-pull theories），对（a）原属国（过去与将来）的满意度，和（b）移入国（现在）的不满意程度进行满意度水平排序。这些态度都是个体对原属国喜爱倾向的指标，满意度的意义是“原属国的相对吸引力”。研究的映射语句如下：

原属国对移民（X）的相对吸引力，通过他	在	（房子） （工作） （社会生活） （孩子的教育） （收入）	方面，	（过去对所属国满意度） （现在对移入国不满意度） （将来对所属国满意度）
→		所属国相对吸引力		（很高） （……） （……） （很低）

这个例子描述了怎样将相同的问卷用于不同的研究（一个例子中是研究“满意度”，但在另一个例子中是研究“原属国的相对满意度”）。明确共同反应范围的意义不仅帮助研究者规范地呈现研究主题，还起到指导数据分析的作用，这在后面会详细介绍。如果研究生活满意度，共同范围“满意度”是适合的，如第一个映射语句。但是，如果研究的是对原属国的相对满意度，则需要根据合适的共同意义，对问题的可能反应重新安排。

题 A 和题 B 用于满意度研究，它们的反应范围如下：

A. 你对原属国的住房条件满意吗？

1. 非常满意
2. 满意
3. 不满意
4. 非常不满意

B. 你对现在的住房条件满意吗（在移入国）？

1. 非常满意
2. 满意
3. 不满意
4. 非常不满意

题 A 和题 B 的反应范围的意义和各对应选项的分值（非常满意计 1 分到非常不满意计 4 分）相同，得分越低表明满意度越高。

移民回国倾向研究也有两个题目，题 A 如上例，题 C 如下：

C. 你对你现在的住房条件满意吗（在移入国）？

1. 非常不满意
2. 不满意
3. 满意
4. 非常满意

可以看到，题 B 和题 C 除了对应选项分值不同，其他都相同。题 A、C 反应范围符合常规（commonly ordered），它与题 A、B 范围内选项意义不同，低分 1 表示更希望回到原属国，依据是要么所属国相对有吸引力（拉的力量），要么排斥移入国（推的力量）。因此，尽管两组题的反应范围表达非常相似，技术上两者的区别仅仅是题 B 和题 C 选项分值不同，但概念上，题 A、B 与题 A、C 的差异非常大，它们分别用于不同的研究。

3.4 共同反应范围的优点及共应用

尽管有些研究并没有明确地呈现共同反应范围，但许多研究的观测设计都是以共同反应范围为基础的。实际上，当出现关于两个变量存在正相关的假设时，研究者可猜想它们有共同反应范围。揭示潜在的共同反应范围并用清晰的格式表达，在理论与实践研究上是非常有用的。以下是共同反应范围的应用。

题目选择标准

共同反应范围能够作为选择和编制客观题目的标准。例如，在人际依赖研究中，题目的反应范围可以从依赖他人到依赖自己，任何题目的反应范围只要能够解释被试是属于依赖他人还是依赖自己，都是合适的题目。

提出假设的论据

观测变量的共同反应范围为假设提供了论据。典型的例子是，两个有共同反应范围的项目是相关的这一假设，如果两个项目有共同反应范围，那么不同的项目代表了相同一般概念的不同侧面，则两个项目相关的假设就被验证了。

心理学家 Harlow（1971）假设：猕猴婴幼儿时期与母亲的身体接触与这些猕猴成年后的性功能有关。也就是说，如果猕猴婴幼儿时期与母亲有正常的身体接触，那么猕猴成年后的性功能是正常的；如果猕猴婴幼儿时期缺少与母亲的正常身体接触，那么它们成年后的性功能将会不正常。Harlow 研究假设的依据是：猕猴婴幼儿时期与母亲的正常身体接触有利于猕猴的情感发展，而情感又是成年性行为所必需的。

仔细考虑这个论据，研究者认为早期与母亲的接触为猕猴提供了有利于成年性行为的预备训练。“训练”这一概念常被假定为预备训练行为与训练行为在本质上相似。在这个例子中，可以用一般概念“身体接触快感”来表示这种本质上的相似。身体接触快感包括婴幼儿时期的身体接触——依偎、看护、拥抱、抚摸、游戏，也包括成年的性交。这个概念是观测变量反应范围的共同意义。婴幼儿时期的身体接触和成年后的性功能是相同概念的不同形式。

接触形式

猕猴有正常的身体接触感觉：（婴幼儿时期与母亲的接触）
（作为成年猴与性伴侣的接触） ⟶ （是）
（否）

观测结果以下列形式记录：

猕猴	身体接触快感		组合简写	
	婴幼儿时期	成年期		
X［1］	是	是	Y	Y
X［2］	是	否	Y	N
X［3］	否	否	N	N
……	……	……	……	……

经过数据分析验证了 Harlow 的假设：如果猕猴在婴幼儿时期有身体接触快感，成年后性功能就会正常。这个假设导致研究者主要关注反应为 YY 和 NN 的猕猴，而较少关注反应为 YN 和 NY 的猕猴。

成年期的感官享受		婴幼儿时期的感官享受：否	婴幼儿时期的感官享受：是
	是	很少或没有	多
	否	多	很少或没有

假设只有在婴幼儿时期身体接触快感丧失的猕猴，其成年时性功能才不正常（而不提及婴幼儿时期有身体接触快感的猕猴），期望的反应分布为：

成年期的感官享受		婴幼儿时期的感官享受：否	婴幼儿时期的感官享受：是
	是	很少或没有	多
	否	多	很少或很多

通过 Yule 的 Q 系数能评估实际数据与图形的一致程度。

对内容初步分析

使用共同反应范围可以比较两个研究内容的相同和不同，共同反应范围提出了简单、全面的标准，采用这个标准，能够评估和比较两个截然不同的研究设计对同一问题的涉及程度。一旦两个研究被判断有共同反应范围，就会涉及领域层面的细节比较。因此，内容初步分析是意义数据分析的前提条件。

测量的基础

共同反应范围是测量的基础。事实上，可以从共同反应范围分配一个元素给被试的实证观测，被认为是多变量测量的一个“原子”，并且有助于描述被试的属性。测量特征的研究是一个将并列量表合并的过程，第Ⅱ部分第八章将详细介绍这个问题。

3.5 以共同反应范围为基础的测量

假设要实施一项高中生的学业成就研究，样本为学科，如文学、历史、物理、数学。每个学生在每个学科都会获得一个分数。这样，研究中所有观测变量的反应范围（分数）存在共同意义，即对学科知识的掌握程度或学业成就。这些分数能排序，例如，从4 = A 到3 = B，2 = C，1 = D，0 = F。此研究中的反应范围是共同反应范围，也是相同措词范围。

下面是实证观测值（可通过考试获得）：每个学生都有一个分数组合，列出了他们在每个学科上的分数等级。为了便于说明，预先固定分数的排列顺序，如分数组合0000表示学生所有学科考试都不及格；组合4233表示学生文学得分为A，历史得分为C，物理、数学得分为B。最多会有 $5^4=625$ 种不同的分数组合，可看成一个可能得分的集合，每个分数组合是集合里的一个元素，如表3.1：

表3.1 学科分数集合

组合数	文学	历史	物理	数学
1	0	0	0	0
2	0	0	0	1
3	0	0	0	2
4	0	0	0	3
5	0	0	0	4
6	0	0	1	0

7	0	0	1	1
8	0	0	1	2
9	0	0	1	3
10	0	0	1	4
11	0	0	2	0
⋮	⋮	⋮	⋮	⋮
15	0	0	2	4
16	0	0	3	0
⋮	⋮	⋮	⋮	⋮
625	4	4	4	4

这不是一个普通的集合，它有明确的结构。事实上它由四个部分组成，每个部分都包含了元素 0，1，2，3，4。被试在文学科目上可能得分的集合是：

$$A\,[\text{文学}] = \begin{matrix}\{0\}\\ \{1\}\\ \{2\}\\ \{3\}\\ \{4\}\end{matrix}$$

其他学科的分数集合如下：

$$A\,[\text{历史}] = \begin{matrix}\{0\}\\ \{1\}\\ \{2\}\\ \{3\}\\ \{4\}\end{matrix} \qquad A\,[\text{物理}] = \begin{matrix}\{0\}\\ \{1\}\\ \{2\}\\ \{3\}\\ \{4\}\end{matrix} \qquad A\,[\text{数学}] = \begin{matrix}\{0\}\\ \{1\}\\ \{2\}\\ \{3\}\\ \{4\}\end{matrix}$$

虽然各科分数集合内的类别数量正好相同（5 种），但是它们内部的元素不同，且元素之间不能进行比较。从真正意义的知识深度和广度上来讲，历史得分集合中的元素 2 与数学得分集合中的元素 2 是不相等的。通常在每个学科得分范围里，分类或等级数量不必相等，如某些学科用两级记分，及格（=4）或者是不及格（=0）。而其他学科使用的得分范围为 0 至 10，或者 0 至 100。假设把每个科目得分范围内的分数，根据它所代表的学业成就水平进行排序，较高的数值代表被试在该学科领域有较高的成就，那么不必一一列举 625 个分数组合，而可以简单地表示为：

文学	历史	物理	数学
{0}	{0}	{0}	{0}
{1}	{1}	{1}	{1}
{2}	{2}	{2}	{2}
{3}	{3}	{3}	{3}
{4}	{4}	{4}	{4}

从四个集合中分别挑选一个分数，形成分数组合集里的一个元素。例如，分数组合 4233，是指从第一个集合中选择分数 4，从第二个集合中选择分数 2，从第三个集合中选择分数 3，从第四个集合里也选择分数 3。

625 个分数组合的集合就是笛卡儿集合。一般来说，以上方式所呈现的由集合为元素组成的集合称为“笛卡尔集合”。笛卡尔集合中的一个成分集合可称为“一个层面”。在上述表中，笛卡儿集合是由 625 种可能分数组合的集合，并且每门学科（如文学）得分范围 {0，1，2，3，4} 是一个（反应）层面。

实际上，从共同反应层面获得的分数组合是测量的结果，因为高与低、较多与较少、积极与消极等观念被包含在每个题目之中，因此这些题目具有共同反应层面。但是，与单维测量（例如，长度、质量和时间）不同，多元估计通常不能够保留“高与低”的单维特性，因此提出了对多元尺度的挑战，这部分会在第Ⅱ部分第七章中详细地讲解。

共同反应范围强调给定观测框架内所有题目共有的概念，而内容层面则用于考察研究中题目之间系统的差异性。内容层面是观测领域的一部分，也是下一章的主题。

练习 3.1

为了评估参议院的候选人，举行了一场基础知识考试，考试内容包括以下题目：

（1）尼泊尔位于哪个洲？

a. 欧洲　b. 美洲　c. 亚洲　d. 澳洲　e. 南极洲

（2）法国最后一个国王是谁？

（3）1992 年，俄罗斯的人均收入超过每年 1 000 美元。（正确/错误）

（4）Basques 是

a. 山脉　b. 擅长编织篮子的拉美人

c. 在 Iberian 半岛的人　d. 以黝黑的皮肤而闻名的地中海人

题目（1）~（4）有相同措词范围吗？它们有共同反应范围吗？如果有，共同反应范围的意义是什么？

练习 3.2

回顾根据反应范围的意义类型进行计分的题目，一名学生对练习 2.1 的基础知识题目提出了下列（正确的）共同的反应范围（从非常正确到非常不正确）。

心理学图书馆中有一份问卷包括下列题目：完成以下题目，请在符合你情况的答案上划圈。

（1）当处于压力情况下，我会流很多汗。（非常正确、正确、不正确、非常不正确）

（2）当我遇到陌生人时，我会感觉尴尬。（非常正确、正确、不正确、非常不正确）

（3）我认为人们即使是相互怨恨，彼此也是友善的。（非常正确、正确、不正确、非常不正确）

讨论这些题目的反应范围（从非常正确到非常不正确）是不是（学生提出的）基础知识题目的反应范围？

题目（1）~（3）具有相同措词范围吗？你能够提出关于题目（1）~（3）的共同反应范围吗？

练习 3.3

根据数据记录，X 小镇人口所产生的垃圾总量和当地主办的电视节目数量存在正相关。统计学家把它称为“伪相关”。层面分析家对垃圾总量和电视节目数量提出了一个共同的反应范围，为相关研究提供了理论依据。

你能够提出这样一个反应范围吗？

第四章　研究内容设计的范式：领域层面

每一个领域层面（domain facet）都是对问题进行分类的概念集合。领域不仅描述和建构研究观察的真实内容，而且陈述被分配的人或物，以及分配标准（或以什么意义进行分配）。

“她非常好”这句话是对某个人值得称赞的品质所进行的评价。可以知道她是谁，她好在哪里，如数学、教育能力、舞蹈、乐于助人、工作表现等。基于这个观点，“她非常好”仅仅是一个分配，即将值“非常好”（假设它来自从非常好到非常坏的，也可能有几个中间值的反应范围）分配给某个人，如 Susan：

Susan　⇒　非常好
　　　　?

“?”表示的是她非常好的某个方面。如果要了解 Susan 的大学数学方面，那么这个分配设计就能够这样表达：

Susan　⇒　非常好
　　　数学

上述表示说明“Susan 数学是非常好的”。当然，不同的表达就代表不同的意义。例如：

她　⇒　不是非常好
　艺术
她　⇒　相当好
　体育
她　⇒　非常不好
　历史

如果要设计实证观察项目的完整框架，那么就应该在箭头左边，而不是在箭头下面标明意义，如：

Susan，数学 ⇒ 非常好

这种结构能够直接将概念扩展到其他相同的类型中。例如，可能不仅仅对 Susan，而是对 C. T. 大学的所有大二学生感兴趣。那么在对这些学生进行评价时，不仅要考虑他们在数学上的表现，还要考虑他们在其他学科上的表现，如艺术、体育、历史等。在反应范围层面中，“非常好”只是可能出现的反应值中的一个元素。通过这样的扩展而得到的观察框架可表示如下：

目标群体层面	意义层面		反应范围层面
C. T. 大学所有大二学生	科目		
(Susan)	{数学}		{非常好 =4}
(David)	{艺术}	→	{好 =3}
(Lan)	{体育}		{尚可 =2}
(Jean)	{历史}		{不是非常好 =1}
(Frank)	{……}		{不好 =0}
(……)	{……}		

此处，箭头是单线的（不是双线的），所以上述表示的是一个映射框架，而不是特殊分配。映射框架能够明确表示分配的结构。一般情况下，一个映射框架能够详细描述领域（例如，哪种类型的事情是关注的焦点，即分配哪些值）、反应范围（例如，什么值被分配）、规则（通过哪些分配可运行该过程）。特别是在实证科学中，分配是由实证过程来完成的，该过程包括正式记录观点和判断。

这些分配可被认为是将一对客体对象与具体的反应范围相对应，而这一对客体对象由两个元素组成：一个从目标群体层面中选择（如 David）；另一个从意义层面中选择（如体育）。这样一个实证观察可形成下列分配：

（David，体育）⇒ 不是非常好

括号中的（David，体育）是两个层面笛卡尔集合中的一个元素。该集合构成了映射领域。在上述例子中，这个领域是由两个层面组成的：目标群体层面和意义层面。如果从每个层面中选择一个元素，就会获得一个组对（pair），并且由反应范围层面分配一个值给它。

虽然领域层面构成了映射的正式部分，但如同言语表达一样，也需要用连接词把层面联系起来。尽管这些连接词是设计的非正式部分，但它们明确说明了设计中每个层面的作用，并且确保同一层面的不同元素在整个观察设计中扮演相同的角色

（这一点在复杂多维层面中特别重要），因此为清晰而明确的设计发挥了重要的作用。现在，增添连接词后映射语句可重新写成：

(Susan)					{非常好}	
(David)		{数学}			{好}	
(Lan)	在	{艺术}	科目上有一个	→	{尚可}	成绩
(Jean)		{体育}			{不好}	
(Frank)		{历史}			{非常不好}	

映射语句作为研究设计工具的所有潜在优势将在第 I 部分第六章详细说明。

4.1 元素扩展和层面扩展：扩大领域的两种方式

元素扩展（extension）

在科学研究中，感兴趣的是把调查研究中的领域扩展到最初没有构想到的领域。例如，在上述的映射语句中，研究者试图调查学生的音乐欣赏、课外活动、业余爱好等方面，并通过这些方面来评价学生。经常使用算术、言语和分析能力测验研究智力，而另外一些像音乐或舞蹈这类的能力也可包含在内。通过在已有的领域层面里添加一个元素或多个元素来实现观察领域的扩展，这种方式的扩展允许在相同的观测设计中增添附加项目或增添目标群体层面的元素（扩大观测群体的数目）。例如，在大二学生中存在某一规律，研究者想了解整个大学阶段的学生是否也存在相同规律，就可以在目标群体层面增加其他年级的学生。这种通过在已有领域层面增加一个或多个元素的方式所进行的观测领域的扩展，称为“元素扩展”。

层面扩展（intension）

同样，也可以增加一个新的层面来扩大观测领域，这种方法使观测更加详细。例如，在上述映射中，就能够推论出成绩测验不仅可以以书面考试方式，也可以以口头考试方式来进行。这样就可通过增加一个层面｛书面，口头｝的方式来表达映射语句：

	{数学}					{非常好}
	{艺术}		{书面}			{好}
大二学生（X）在	{体育}	上的成绩通过		考试来判断	→	{尚可}
	{……}		{口头}			{不好}
	{……}					{非常不好}

与原有的设计相比，这个设计更加详细，或者说是十分精确的，因为它参考了书面和口头这两种考试成绩。

如果想研究近视群体使用的某种特殊视力训练方法是否有效，那么，首先需要收集训练前和训练后的视力情况，并对其进行对比，然后用训练后的视力水平减去训练前的视力水平，从而获得视力改善的参数，以便判断训练前后的视力是否有差异。在这个例子中，原来的映射结构如下：

				{高}
				{中等}
（群体）	{视力改善}	程度	→	{低}
				{没有}
				{负值}

在这个例子中，“群体”代表所感兴趣的近视群体；“视力改善”是指经训练后视力提高的情况，可通过一些合理参数值来测量；箭头右边的反应范围层面十分简单，它表示大致的改善程度。但是，视力改善的参数可详细地说明，甚至可以数字化表示。在观测反应的范围内也包括负值元素，这是为了方便记录训练后视力变得更糟糕的情况。

现在，来看一下领域层面。首先，目标群体层面十分清晰，它表示所有相关人群的集合，这些人经过特殊的视力训练。其次，意义层面提出如何测量视力改善的具体问题情况。发现在评价视力时存在不止一种方法，评价视力改善的方法也有很多。视力可以测量具体的折射误差（透镜折射光的强度是多少时才能改善视力的不足），也可测量一个人的裸视（不经过透镜的视力）视敏度（如视角）。每一种测量都是一个不同的过程，并且体现了视力特性的不同方面。视力改善可通过这两种视力特性参数中的一种来进行评价。因此，实证观测的映射是从群体 P 中选择一个特殊患者，再从视觉评价中选择一种评价方式组成一组，然后映射到合适的反应范围中。图示表示为：

		改善	
		折射误差（在屈光度上的差别）	裸视误差（在度数夹角上的差别）
（p）	{ 在折射误差方面的改善 }	{ 高 }	{ 高 }
	{ …… }	{……}	{……}
	{在裸视视敏度方面的改善}	{……}	{……}
		{ 低 }	{ 低 }
		{没有}	{没有}
		{负值}	{负值}

每一个被试存在两种分配组合：一种是通过屈光度来测量透镜折射光强度的减少；另一种是通过视觉夹角度数来测量裸视上的提高。

实际上，感兴趣的是观察和记录训练过程所引起的绝对视力改善值。但必须注意的是，由于某些原因，这类测量值是有限定范围的（如个体近视的改善不可能超出视力上限）。这种限定并不是因为治疗的局限性，而是源于“人工的”或者是逻辑上限（logical upper limit），有时也称其为“天花板效应”（ceiling effect）。

也可以用百分比来记录原始视觉缺陷被矫正的比例，这就是视觉改善的相关测量。这种测量存在两种评价模式：绝对的和相对的。因为每种评价模式都包括了另外一种评价模式所不能提供的信息，所以它们能够相互补充。这两种模式均可以作为评价改善程度的标准。

这两种评价模式均可用于评价两种改善标准（折射误差和视敏度）中的任一种。可通过像“树”结构的分层模型来描绘这种多元性：

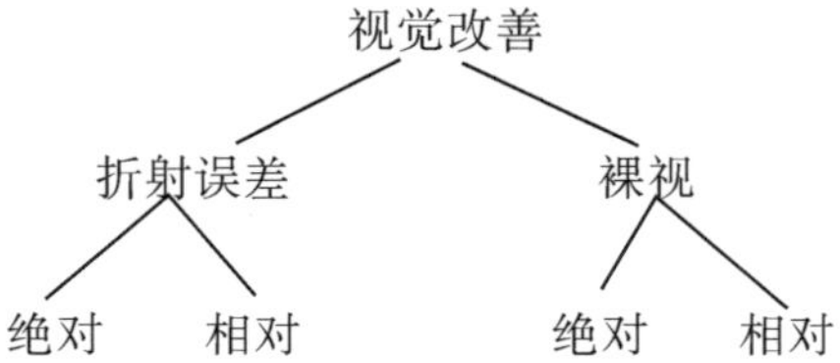

层面设计利用了内在概念的类比形式产生一个方形（或者方框），这个方形比树状结构图布局更加紧凑：

视觉改善的方面：笛卡尔方框图

	折射	裸视
绝对的	绝对的折射	绝对的裸视
相对的	相对的折射	相对的裸视

和树状结构相对比，笛卡儿方框结构具有以下优点：

（1）在成分集合中，如果是线性次序（或分层）则不必说明，若是偏序或根本无序则需要说明。

（2）在第七章中会展示，笛卡儿模型与连续概念空间和变量样本的观念是一致的。

这样，应该注意：在折射误差中视力改善的绝对测量和在裸视视力改善的绝对测量两者之间的概念是相类似的。同样，折射误差中视力改善的相对测量和裸视中视力改善的相对测量相类似。因此，会产生下面的映射设计：

	层面A	层面B	改善的程度			
			折射误差（屈光度）		裸视视敏度（度数）	
	改善标准	评估模式	绝对	相对	绝对	相对
患者（P）展示视力提高的程度在		$\{b_1$ 绝对$\}$	{高}	{高}	{高}	{高}
	$\{a_1$ 折射误差$\}$	{（用改善标准的单位）} →	{……}	{……}	{……}	{……}
		$\{b_2$ 相对$\}$	{低}	{低}	{低}	{低}
	$\{a_2$ 裸视视敏度$\}$	{（原来视力缺陷的百分比）}→	{没有}	{没有}	{没有}	{没有}
			{负值}	{负值}	{负值}	{负值}

这一映射语句的领域比之前的更加完善。现在每个个体 P 都被分配一个包含四个分数的分数元素组，并且每个分数都来自反应范围的每一个层面。

在这个例子中，有四个“意义”集合，这里的“意义”指的是个体对视觉改善所进行的评价。集合可分解成两个意义层面：改善标准（层面 A）和评价模式（层面 B）。这样通过明确确定标准和模式的四种组合可产生如下领域内容：

a_1b_1：折射误差，绝对

a_1b_2：折射误差，相对

a_2b_1：裸视，绝对

a_2b_2：裸视，相对

这里的 a_1b_1，a_1b_2，a_2b_1，a_2b_2 是对应内容的缩写形式。其中，a_2b_1 表示“从层面 A（改善标准）中挑选元素 2（裸视），并从层面 B（评价模式）中挑选元素 1（绝对）”。这些元素组合在一起形成一种确定的意义，视觉改善可被分配给样本 P 中的每一个个体。

每一个 a_ib_j 都是研究调查领域的内容元素组（content profile）。内容元素组可被定义为来自每一个领域层面概念元素的组合；分数元素组（scores profile）可被定义为分数的集合，并且每一个分数都来自反应范围层面。区别内容元素组和分数元素组是相当重要的：一个内容元素组确定一个内容子域（subdomain），同时这一子域描述了该领域内所涉及的问题特征；一个分数元素组是一特定的反应集合，而这些反应则是通过检测一系列问题和被试个体特征获得的。

患者 p_1 的观测如下：

个体和内容组	改变标准		改善标志的观测值
p_1，a_1，b_1	（折射误差，绝对）	=>	1.25 倍屈光度
p_1，a_1，b_2	（折射误差，相对）	=>	20%
p_1，a_2，b_1	（裸视视敏度，绝对）	=>	10°
p_1，a_2，b_2	（裸视视敏度，相对）	=>	60%

在这里，被试 p_1 可用四种视力改善标准进行检验，其中每一种视觉改善标准都可通过一个内容元素组来代示。根据每一个标准，p_1 都被分配一个分数，例如，在 a_1b_1 标准下改善 1.25 倍的视敏度、在 a_1b_2 标准下改善 20% 等。这些分数列表组成的分数组合可以这样表示：1.25、20、10、60 。另一被试 p_2 则可能有不同的分数组合，如 0.75、30、8、80 等。通过实证观测，每一个被试能够被分配一个明确的分数组合，但是每一个特殊的元素组合可以被一个或更多的被试共享，或根本没有被试所共享。后面这种情况表示某些分数组合在人群中根本就不能被观测到。之后将会介绍，这种不能被观测到的可能的分数组合所形成的结构假设分类，并以多元尺度的方式作为多变量测量重要特征的基础。

下面来看工作满意度的例子。工作满意度可通过不同分类标准来详细划分成不同方面。例如，根据可能提供的报酬和满意度，可分为：物质奖励（工资、社会福利），安全感，自我实现，社交活动等。如果只考虑奖励方面，系统的工作满意度测量可构建如下映射语句：

	奖　励			
	{安全感}			{非常高 = 5}
				{高 = 4}
雇员（X）的工作	{物质奖励}	中所获得的满意程度	→	{中等 = 3}
	{自我实现}			{低 = 2}
	{社交活动}			{非常低 = 1}

通过这种简单的设计所进行的实证观测可能会得到如下的分数分配：

被试	奖励	分数
Johnson	物质	= >5
Johnson	安全	= >5
Johnson	自我实现	= >2
Johnson	社交活动	= >3
Smith	物质	= >3
Smith	安全	= >1
Smith	自我实现	= >5
Smith	社交活动	= >4
Dixon	物质	= >1
……	……	……

用数据矩阵的方式来呈现观测结果会更加方便，在矩阵每行列举了每个雇员的分数，如下所示：

	物质	安全	自我实现	社交活动
Johnson	5	5	2	3
Smith	3	1	5	4
Dixon	1	……	……	……
……	……	……	……	……

在这一矩阵中，第 i 行第 j 列的项目表示对第 i 个被试的第 j 个变量所分配的分数。

当然，研究者也希望对工作满意度的概念（包括附加的独立变量）进行详细的解释。例如，如果以“时间反应范围”作为一个附加的区分变量，这也就意味着可以对现在安全感和将来安全感（如 5 年后所期望的）的满意程度分别进行评价。相同地，也可以对所有其他类型的奖励（如物质、自我实现和社交活动）加以实施。这样，数据矩阵的观测数是双倍的，即矩阵就由 4 列变成了 8 列。

层面也可以用矩形方框的方式来呈现。例如，现在的和将来的工作奖励可通过矩形方框的方式呈现为：

		层面A：工作奖励			
		安全感	物质	自我实现	社交活动
层面B：时间	现在（经历）	现在的安全感	现在的物质	现在的自我实现	现在的社交活动
	将来（期望）	将来的安全感	将来的物质	将来的自我实现	将来的社交活动

这种呈现方式强调两个意义层面，即工作奖励和时间。这就组成了研究内容的双重分类（a double classification）。

如果希望对观测进行进一步区分，就需要再增加一个层面，即运用第三种标准来区分满意度。例如，某一研究者可能想分别记录在某一个工作场所和在家里的工作满意度，那么就应该引进第三种区别或层面，即观察地点｛工作场所，家｝。在这种情况下，设计可用 2 ×4 ×2 的方框或矩阵来表示。值得注意的是，这种通过增加一个新的领域层面而对一个已有的内容领域进行改善的方式称为“层面扩展”（intension）。

在已有的层面中加入一个元素，研究设计可能会变得更加丰富。如果某一研究者考虑工作奖励的第五种类型（如工作场所的娱乐设施），这种类型的奖励可以简单地增加到已有奖励层面的四个元素中去。这种通过在层面中加入一个元素而使内容领域丰富化的方式称为“元素扩展”（extension）。

研究设计的意义层面数目超过三个（行为研究经常出现这种情况）时，就不能用方框来表示了。映射语句的领域层面和元素的言语表达应该清楚明白。关于映射语句技术的系统研究将会在第五章详细介绍。

练习 4. 1

为了设计一个养老院，一个建筑公司对潜在居民进行了调查，调查内容是他们过去、现在和将来的与优越生活条件有关的生活方式及生活中的一些活动。

一个植物学研究者为该研究设计了下列树状模型：

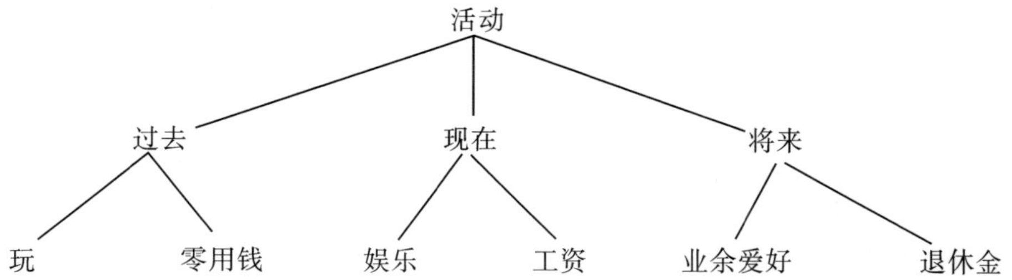

a. 写一个映射语句，通过包含两个内容层面用来记录上面所涉及的活动。

b. 举例说明该映射语句的元素扩展和层面扩展。

第五章　定义和假设

5.1　定义

在科学领域，尤其是行为科学领域，定义概念十分重要。我们常常会发现，由于对核心概念的理解不同，使得研究者之间不能进行简明而有效的交流。例如，在对成就动机的研究中，研究者发现不同概念之间相关性很低。之所以这样，研究者认为可能是因为他们对概念的理解不同，评价的角度也不同。要有效而成功地测量概念，就需要对概念的意义做原始的逻辑分析，这样才能得到清晰的定义。

研究者如何定义一个科学概念呢？目前主要有以下四种定义方式：

（1）人工定义（synthetic definition）：用不同于该概念的其他重要概念来定义。例如，速度可被定义为距离与时间的比值；信念可被定义为已被内化的一种观念。

（2）分解定义（analytic definition）：通过概念自身的组成成分来定义，并且每个组成成分都是整体的一部分。例如，铅笔可被定义为一个带有细石墨芯的圆柱体木头；雇员的功能可被定义为在组织中雇员的人际关系、毅力和生产力等。

（3）形成定义（formative definition）：将概念定义为过程的最终产物。例如，当一条线段绕着它的一个端点在平面内旋转，它的另一个端点所形成的封闭曲线定义为圆。形成定义也可使用在化学领域中，如对化合物的定义就是这样的。

（4）映射定义（mapping definition）：这是一种基于层面理论的定义类型，它是用测量的项目来定义概念的。映射定义整合了人工、分解和形成三种定义类型的特征，对描述科学定义非常有用。

在日常用语中，概念是以“自下而上”（from the bottom up）的加工方式形成的。词典是通过描述概念的用法来解释概念的含义。词典定义的概念正确与否，主要取决于它能否准确地描述这个词的用法。

科学定义是由科学家主观界定的，而不是对研究概念的客观描述。用这种方式界定的概念没有固有的意义，因此科学定义不会永远正确或错误。但是，科学定义还是有一定的可信度和清晰性的，而这种可信度和清晰性是由研究领域专家的理解是否一致来决定的。

定义概念是为了促进科学理论的形成，因此最后对科学定义进行检验时要与定义的目的联系起来。判断一个已提出的定义是否成立，需要借助经验和检验标准。因此用特定定义表达的科学理论都要受到新数据的挑战。如果出现了违背理论的新现象，那么这个理论就需要修正或摒弃。修正理论的方法之一就是修改或调整理论所涉及的概念定义。

用一个机械力学的例子来说明。一个运动着的物体，如果不考虑能量损失，当物体碰撞到另一个物体时，这个物体的能量就会完全转移到另一个物体上，这就是能量守恒定律。能量守恒定律表明，所有的能量都处于一个封闭的系统中，总量保持不变，能量既不会凭空消失也不会凭空产生。但是每个人都知道，有时运动着的物体会停下来不再运动，它们的动能转化成了热能。由于不愿意看到能量守恒定律被摒弃，物理学家修改了能量的定义，使它包含了热能，所以能量守恒定律的地位重新恢复了。

后来，又有一种新情况出现：向上抛一个小球，小球的运动从变慢到最后停止，其动能没有转化成热能，那能量跑到哪里去了呢？物理学家再次对能量的定义进行修改。因此，把势能这个概念纳入到能量的定义中来。势能的产生是由于物体所在的高度发生变化。这种形式的能量凭常识和直观感觉是觉察不到的。然而，科学家创造了这个概念，就再次恢复了能量守恒定律的地位。

尽管能量的故事还没有结束，但实证科学则从这个例子中得到了启发。从策略上讲，改变或修改已有概念的定义是寻找规律的有效方法。层面理论提出了一种系统的方法来描述或修改定义，使定义很好地为科学目的（即发现真正的规律）服务。事实证明，在行为系统和多变量的研究领域中，映射定义非常有用。

5.2 映射定义的例子

态度的定义

概念的映射定义是通过描述那些用于评估概念的所有观测项目来实现的。在进行描述时，需要考虑这些观测项目所在的领域和反应范围。因此在映射定义中，不是通过提供概念的同义词来界定概念，也不用“成就是……”或“态度是……”这样的方式来详细描述概念，而是通过描述这些用于评估研究对象的所有观测项目的总体来界定概念。请看态度的映射定义：

一个项目，只有当它的领域层面是针对某个客体的行为，也就是说它的内容是询问被试对某个客体的行为反应，且它的反应范围的排序是从

{非常积极}

……

{非常消极}

那么，这个项目就属于被试对这个客体态度的项目总体。

这个态度的映射定义清楚地界定了所有观测项目的集合，这样就可以研究态度

这一心理现象了。首先，应该弄清楚所要研究的问题实质和被试所有可能的反应范围。在上面的案例中，态度的映射定义表明：态度是可以测量的。因为被试对某个客体的行为是积极的还是消极的，在任何时候都可以观测。因此，严格地说，某个概念的映射定义不是用“……是……”来描述，而是用那些观测项目属于这个概念来说明。任意一个观测项目，只要它是记录被试对某个客体的行为反应，并且行为反应是从积极到消极，那么它就是一个态度项目。不符合这一条件的就不是态度项目。但需强调的是，评价一个项目是不是态度项目，其内容表达不必与“积极的”或“消极的”一字不差，只要它实际意义属于“对某个客体的反应从消极到积极”这一范围。反过来，一个项目属于“对某个客体的反应是从消极到积极”这个范围，却不一定是态度项目。下面就是一个态度项目的例子：

你对美国军队干涉拉丁美洲这件事的态度是什么？{非常赞成，……，漠不关心，……，非常反对}；更常见的例子是：你喜欢欧洲电影吗？{非常喜欢，……，非常不喜欢}；或给出选项，相对于其他饮料牌子，你购买Z牌饮料的频率是？{常常买，……，从来没买过}。

上面列举的这些项目都是态度项目，因为它们都是被试对某个客体（美国军事干涉拉丁美洲，欧洲电影，Z牌饮料）的行为反应（赞成，喜欢，购买），且反应依据各自的客体和意义从积极到消极进行排序。

那态度映射定义的作用是什么呢？它其实就是一种工具，例如，它帮助人们发现了态度单调性规律（the law of attitude monotonicity）。

态度单调性规律

“任意两个项目，如果选自针对给定客体的态度项目总体，并且被试是随机选择的，那么被试在任意两个项目间的回归（regression）具有单调性，并且任意两个项目间的相关系数是零或是正数”（Guttman，in *Gratch*，1973）。在这一规律中，回归系数是每一个项目对其他项目的回归曲线的斜率。因为经常处理顺序数据，所以知道这种建立在中位数基础上的回归比建立在平均数上的回归更适合。由于这个原因，就应避免使用协方差，尽管它能简洁地表达这个规律。出于实际需要，可将这个规律表述为：

任意两个态度项目之间的相关系数是零或正数

很明显，要使这一规律有意义，前提是必须知道态度项目是什么。实际上，态度的映射定义已明确给出了答案。

态度单调性规律在许多研究中已被发现。在实证科学中，这一规律是以假设的方式提出的，所以不断受到验证和质疑。但态度单调性规律证明了层面理论的主要作用：能够发现科学规律。这样的规律需要用严谨、可靠的定义来阐述。使用映射定义来界定概念可提高定义的严谨性和可信性。

现在，来解释所定义的信度。定义的信度是不同的专家理解某个概念的一致性程度。实际上，定义的信度涉及“概念理解”。例如，两个不同的心理学家理解某个表达相同的概念的一致程度。通常认为映射定义的信度较高，因为它涉及了观测项目。

可以参考实际观测数据来帮助评估映射定义的信度大小。例如，如果给两位科学家同样的一个定义，像“成就动机是克服困难的倾向”，那么不能通过某种准确方法来评估这两人理解“成就动机”这一概念的一致程度。比较理想的一种替代方法就是给两位心理学家呈现成就动机的映射定义。

任何一个项目只要它的内容是询问被调查者对克服困难的态度，并且项目对克服困难的反应范围排序是从非常积极到非常消极的，那么这个项目就属于成就动机项目总体。

在此，成就动机项目可看成是态度项目的一个子集。

只要给出一个映射定义，就可以衍生出一个方法来检验它的定义信度。可以给这两位心理学家一系列混乱的观测项目，并让他们标记符合成就动机定义的项目。这两位心理学家的一致性程度就可作为映射定义的定义信度指标。

进一步来阐述态度的映射定义。

大量与态度相关的文献都对“行为”和态度之间的关系存有疑问。这里的“行为”指的是看得见的行动，而态度则被认为是“行动的倾向”。然而这种态度的定义本身是很难站得住脚的。某种现象在被确定为态度之前，必须密切关注这种现象的结果，以及确定观测行为是否是由这种现象所导致的。只有这样，这种现象才能被确定为态度。

实际上，在确定一个观测现象是否是态度之前，不知道需要等待多长时间其行为才能表现出来。此外，行为必须是所观察的现象导致的。与此相反，态度的映射定义可在观测的同时就能确定观测现象是不是态度。在态度的映射定义中，可从更广泛的意义来理解行为，即行为不仅包括看得见的行动，还包括认知和情感。态度可看成是包含了认知、情感及选择行动的一种行为。在第五章研究态度的例子中，就根据内容层面把态度划分为不同类型。

智力的定义

下面是另一个映射定义的例子。纵观智力的测量史，学者们一直在为如何界定智力而争论。在最近出版的书籍中，智力的定义就超过 17 种。当然，这些各式各样的定义都有其合理性，因为发现规律的过程本身就是寻找恰当概念的过程，并且科学概念又比较复杂。但这些定义都是以“智力是……”开头的，这就成了不可验证的假设或理论。

智力的映射定义主要是描述智力项目。它将阐述所有智力项目反应范围的意义。在思考这样的问题时，例如，回忆用于智力测验中的不同类型的项目（如文字题或算术题等）时，可能会得到这样的结论：有一个选项能被大多数人选择的这种问题才是最好的。根据这个观察结论，Guttman 提出了智力的映射定义：

一个项目，只有当它的领域层面是询问被试在某个客观规则上的表现，且它的反应范围的顺序是从

{非常正确 }

……

{非常不正确}

那它就属于智力项目总体。

这个映射定义使得可验证性假设和规律形成成为可能。

智力单调性规律

最普遍的智力规律就是智力的单调性规律："如果任意两个项目是选自智力项目总体，并且被试是随机选择的，那么被试对任意两个项目间的回归是单调的且项目间的相关系数是零或正数。"（Guttman，in *Gratch*，1973）

与态度的例子一样，这一规律指出任意两个智力项目之间的相关系数是零或正数。的确，智力项目之间的相关系数的符号在现实心理现象中是自然存在的。但是，发现这一规律是心理学家们几十年努力的结果。

由智力单调性规律想到了 Spearman 所提出来的在智力中存在一个共有因子的假设。因为 Spearman 发现了智力项目之间存在正相关，所以提出这个假设，但该假设后来又被他放弃了。当所有变量有着一个共同反应范围时，就可假设项目之间存在正相关。共同反应范围与共有因子之间的区别是非常重要的。项目总体的共同反应范围是正相关假设的前提和理论基础，而假设中的共有因子是用来确定项目领域的结构的。

在其他研究领域中，也可进行类似的单调性规律假设和检验。单调性规律之所以成立，前提是观测项目之间要有共同反应范围，并且项目间是正相关的。映射语句中就存在这样一个共同反应范围，它把结构复杂的调查内容都放到这个范围内，这样智力就会被简化和抽象成一系列不同的智力项目（这就如同测量单位和分类数目一样，可能不会详细说明该范围）。只有对元素（反应分类）中的概念顺序和这些元素的共同意义进行排序，才存在共同反应范围。从这个意义上讲，单调性规律只涉及观测现象的定义框架中的大概内容。在正相关中，单调性规律与实证观测中项目间的相关系数有关。不可否认，相关系数在实证观测中也不是很精确的。

在行为科学中，许多假设声称两两变量间也有单调性。例如，"……更多……更高"和"……更多……更少"的表达形式在行为科学的假设中是很常见的。单调性规律更多是为这些假设提供理论基础。如果假设项目之间是负相关，那么对反应分类的排序就要倒过来。

行为科学中的规律

在有共同反应范围的映射语句中，结构的复杂性可在内容层面中系统地反映出来。例如，一个很熟悉学业成绩数据的人会提出如下假设：对任何一所学校的小学生进行测验，计算出英语成绩和算术成绩之间的相关系数，这些相关系数总是在 0.20 到 0.30 之间。这个假设是在下面这一问题的基础上提出来的：

小学生的英语得分和算术得分之间的相关系数是多少呢？是不是接近 0.10？

{ -1.00， -0.90， -0.80，……，0.80，0.90，1.00}

第一，根据下面这个结构单一的映射语句，用收集到的数据来检验这个假设：

	{英语}			{0}
小学生（X）在		测验上的得分是	⟶	{……}
	{算术}			{100}

第二，根据所收集的数据，计算出相关系数，对假设进行检验。如果计算出的相关系数确实是在 0.20 到 0.30 之间，假设就成立，否则会被否定或至少被认为是有问题的。

进一步来探讨这个假设，看看它的真正含义是什么？实际上这个假设指出：如果使用任何一种小学英语和算术测验题对学生施测（其年级相同），那么英语得分和算术得分的相关系数是在 0.20 到 0.30 之间。因为有许多符合条件的英语和算术测验题，所以这个假设是可行的。

这个例子列举了理论中的重要概念。为观测而设计的映射语句涵盖了“所有小学生学业成就测验总体”，这个总体可以分成两个子测验：一个是英语，另一个是算术。根据映射语句来界定的这两个子测验中的概念差异，就是“观测系统中定义框架的一个子层面”，其他层面也可以用这样的方法来界定。此外，相关大小（correlation size）的概念是“实证观测中的一个子层面”。

实证研究中的假设通常包括两方面内容，一是定义的框架（可依据映射语句轻松建构），二是实证观测。实证观测可用平均数、平均数间的差异、相关系数、相关系数间的差异等一些传统或现代的统计指标来表示。假设的本质就是在实证观测之前就给定一个值（或值的区间）。如上面假设中的 0.20 到 0.30 就是一个假设区间。

构造假设的创造性体现在把定义选择和实证研究联系起来。这样更容易构造出合理的假设。在行为科学中，依据相关系数数值或值域构造的假设很少能成立。正如实证研究一样，描述相关系数间差异的假设更容易成立。

如下面的映射语句，它是用来研究电视观众观看电视暴力画面与其攻击行为之间的关系的：

电视观看者（X）

层面A：　　　　　　　　　　　　　　　　　　　　　　　　层面B：

与攻击有关　　　　　　　　　　　　　　　　　　　　　　攻击类型

绝对

{观看电视画面中的攻击行为}　实际表现出的攻击行为的方式　{言语攻击}

{参与攻击}　{高}　{身体攻击}

攻击行为 ⟶ {　}

{低}

这个映射语句的内容包含了四个内容子层面，具体如下：

元素组	内容层面的子层面
a_1b_1	观看了电视中的言语攻击行为
a_1b_2	观看了电视中的身体攻击行为
a_2b_1	实际言语攻击行为
a_2b_2	实际身体攻击行为

假设：观看电视画面中的言语攻击行为（*EV*）与实际言语攻击行为（*AV*）之间的相关性要高于观看电视画面中的身体攻击行为（*EP*）与实际身体攻击行为（*VP*）之间的相关性。

如果从四个子层面中的每个层面任意选出一个项目，分别计算出与言语攻击有关的两个项目间的相关系数ρ（*EV*，*AV*）和与身体攻击有关的两个项目间的相关系数ρ（*EP*，*AP*），上述假设的关系就可以用一个式子来表示：

$$\rho(EV, AV) > \rho(EP, AP)$$

也等同于

$$\rho(EV, AV) - \rho(EP, AP) > 0$$

这个假设中的定义框架就是两对（四个）内容子层面：（a_1b_1，a_2b_1）和（a_1b_2，

a_2b_2）。

如果相关系数之间的差异（言语相关系数减去身体相关系数）被假设成大于零，那么要验证这个假设就需要从实证研究中收集证据，并逐一找出适合这四个子层面的项目。

5.3 区域假设

层面理论还提出了另外一种处理数据的实证方法，即区域邻近（regional contiguity）。事实上，层面理论认为依据实证数据的分布构造出来的假设比其他假设更容易被证实。

什么是区域邻近呢？可以这样理解，它就像统计学中的平均数和相关系数一样，只是实证观测中的一种方法。作为一种统计方法，它很适合做多元变量分析，并且不用代数表达式，而是用几何空间图来形象描述多元变量。

用几何空间来描述所研究的概念。试想一下，把要研究的概念所包含的每个观测项目看成几何空间中的一个点，然后根据下面的条件来确定每个点在空间中的位置：

内容层面中的任意两个项目越相似，在概念空间中表示这两个项目的两个点的距离就越近。

为观测项目设计的映射语句，根据某种标准，每个领域层面将观测项目分成几类，这样做的目的是为找出最适合的项目。平行线把空间分成几个区域，每个区域所包含的项目是属于一类的。

举例说明什么是区域邻近。例如，成就动机项目可定义为面对挑战的态度。对相关文献内容进行分析，可通过时间层面对成就动机项目进行分类。能否克服困难要与任务准备（如对不确定性和估计风险的任务的态度）、任务本身（如面对困难或解决问题的态度）、任务结果（责任或满足需要）联系起来。这三种概念分类就是根据时间层面来划分的。很明显，它包含三个时间段（完成任务前、完成任务中、完成任务后的心理状态）。按照区域假设的解释就是平行线把成就动机空间分成了三个有序的区域：第一个区域包含“完成任务前（before task）”阶段的所有项目；第二个区域包含“完成任务中（during task）”阶段的所有项目；第三个区域包含“完成任务后（after task）”阶段的所有项目。具体如下图所示：

项目的时间分类

完成任务前	完成任务中	完成任务后

如何验证区域假设（regional hypotheses）？首先，必须弄清楚什么是项目之间的

相似性。在实际应用中，应该先计算出一些统计学相关系数（如 Pearson，Spearman 及单调性相关系数等），再将这些相关系数输入 MDS（多维尺度，multidimensional scaling）计算机程序，然后就可以得到表示不同项目或点之间关系的几何图形。这些图形可以表示出项目或点之间的相似程度。总的来说，项目或点之间的距离越小，表示它们之间的相关性就越大。如果相关系数为负，则表示项目或点之间的距离比零相关时更大。

得到 MDS 图形之后，就可以使用以下方式验证区域假设：在考虑概念空间的结构时，应该画出“最佳”线条，将项目按指定的类别分类。此时，这些线条的形状及它们之间的关系（如垂直与平行）就验证了前面所提到的区域假设（旋转或镜像空间中的项目或点都不会影响区域的结构）。

通常用（由最佳结构来确定的）区域之外的异常项目数量和异常值的大小来评估区域假设与实证结果的“拟合优度”，并最终确定在任一特殊情况下假设是否成立。因此，“最佳的分割线”是在区域中使得项目差异之和最小的线条。

在概念空间中，元素呈现出线性顺序的领域层面称为“轴线层面”（axial facet）。区域间顺序简单，且每一个区域表示一个层面元素的类型称为“单纯型”（simplex）。在统计学中，区域邻近也可用于探索性数据分析。在新的研究领域中，常常会出现这样的情况，在提出假设时还没有足够成熟的理论支撑。

除了轴线，也可根据区域假设使用其他类型的分割线。例如，可以使用概念空间中的一组同心圆环来分割。这种模型假设，无论何时，领域层面元素的内容都包含在环形区域内。这在第Ⅱ部分第七章中将进一步阐述，这样的模型是存在的。例如，心理学中对颜色的感知及在生活质量研究中对生活领域的评估就是这样的模型。

概念空间不一定是二维的（平面），也可以是三维的，或者是更多维度的。第六章还将介绍如何确定最适合的维度。

第七章将阐述层面最小空间分析方法（FSSA），并使用这一方法来验证区域假设，探索这种模型。

总之，为了更好地运用区域假设和理论，必须掌握以下内容：

（1）对共同意义范围（CMR）的描述说明在研究中是将内容空间看作一个统一整体的。

（2）对领域层面的描述为将连续概念空间分割成区域提供了概念基础。在具体研究中，定义实证观测系统的映射语句时，将领域层面和反应范围层面紧密联系在一起。

本书第六章还将详细介绍在具体研究中有关智力、成就动机及工作承诺等映射语句的设计。

练习 5.1

思考“领导力”这一概念，写一个正式的映射定义，然后指出在这一定义中的共同反应范围意义是什么？

练习 5.2

拟定一个关于领导力具有单调性规律的假设，并判断这一假设是否合理。

提示 1：确定一个能体现领导力本质的基本概念，这一概念应该符合共同反应范围的意义。

提示 2：思考领导力存在于一个被领导的群体中的情况。

提示 3：根据上面设计的映射定义编制项目，可参照智力项目的编写。

练习 5.3

为某类群体中的某一概念提出一个单调性规律的假设：

（1）构想一些能清楚地反映这一概念的项目。

（2）尝试确定这些项目的共同意义范围。

（3）设计概念的映射定义。

（4）提出单调性规律的假设。

（5）尽可能用实证数据来验证规律，并确定相关系数是否同预测的一样是零或正数。

练习 5.4

图显示了一个概念空间，通过实证研究发现，平行线将这一概念空间分割成三个区域。根据内容层面对 6 个项目进行分类。图中每两点之间距离大小的顺序是显而易见的。

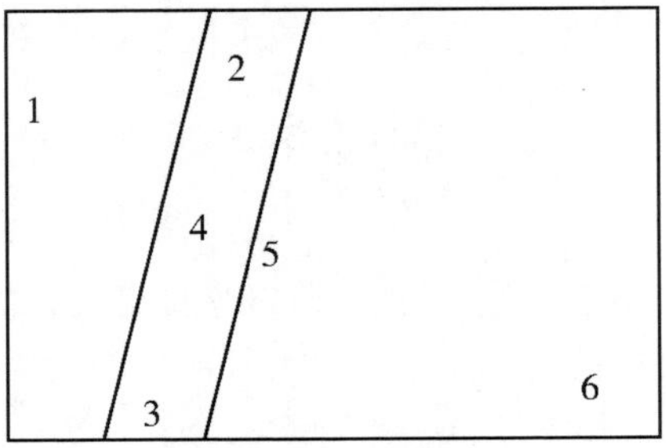

用平行线将概念空间分成三个区域

上图表明具有不同距离的点在空间中的分布支撑了这种分割方法。

第六章　映射语句

在确定观察领域的目标人群（focus）、意义（sense）层面和反应范围（range）层面以后，通过给每一个被试分配一个像（即反应范围层面中的元素），使目标人群的映射成为可能。正如前面所提到的，这种分配是根据对意义层面的描述来进行的。例如，将意义层面的身高 180 厘米分配给 John（目标人群），这一身高可以通过实际测量来确定。

通过对所关注的目标人群中的个体（如 Susan，Jim，Alice 及其他人）的身高进行多次测量，并记录下所有测量值，就可以得到一个观测值系统。这时，相关人群称为“目标人群层面（population facet）”。

另外，改变意义层面可以得到更多的观测值，不仅可以观测被试的身高，而且可以观测被试的体重、运动能力等。这样的一组“意义”就构成了“意义层面（sense facet）”，但是，意义层面经常会被分解为两个或更多个内容层面，其中的初始意义层面就是笛卡儿积。通过在当前的内容层面中增加元素来扩大内容范围，称之为“元素扩展”。

可以通过改变观察时间（如分别在早上、中午和晚上）来观察并记录被试的特征，这样就可以得到更详细的观测数据。当然，前提是观察者认为这样的时间变化是与研究密切相关的。因此，进行观察设计时，可以增加一个层面，如时间层面，来扩展内容领域。

通过改变实证过程或信息来源，分别记录获得的结果，这会对扩展内容领域的层面产生影响。这时，每一实证过程（或来源）都是很有价值的。例如，在个人领导力素质的研究中，“信息来源”层面就可能是个人的上司、同事、自己及下属。

什么时候才能说某个层面属于映射语句领域呢？这就要求观测项目能表示出层面的不同类别，即确保全面地表示出给定标准。之所以这样，主要原因是为了验证假设。领域层面为假设提供了所需要的概念区别，这种假设比单调性规律更精细、更复杂。

在成就动机的研究中（Shye，1978），文献综述表明，对成就动机概念定义有几个反复出现的主题。对这些主题归纳并分类，就可得到与成就动机任务特征相关的概念，具体如下所示：

不确定性
估计风险
困难
问题解决
责任
成功需要的满足

在研究中，希望评估管理者的成就动机。一个简单的映射语句可以设计如下：

管理者（X）面对	任务特征	的任务时，其行为→	
	（不确定性）		（非常积极）
	（估计风险）		（……）
	（困难）		（……）
	（问题解决）		（……）
	（责任）		（……）
	（成功需要的满足）		（非常消极）

这一简单设计，将管理者的成就动机得分分配到成就动机的六个元素中。

仔细观察映射语句的内容层面，这会让人产生疑问：难道内容层面不是多个元素层面的笛卡儿积吗（即内容层面不是可以分解的吗）？

6.1 层面的分解

你能否想出两个层面：每一个层面至少包括两个元素，层面的内容元素组包含了任务特征层面中的每一个元素。提示：设法根据任务的时间段对六个任务特征进行分类。

时间层面

首先，需要注意的是，面对不确定性和估计风险的挑战都属于思考任务的初期，甚至是原始阶段。其次，对困难和问题解决的挑战是任务本身的特征，在这一阶段，管理者经历了困难，为了战胜困难必须尝试解决问题。最后，个人责任感和成功需要满足与完成任务密切相关。考虑到这些问题，成就动机的映射语句可以这样表示：

时间层面

管理者（X）在完成任务 { [之前（不确定性，估计风险）] / [之间（困难，解决问题）] / [之后（责任，成功满足的需要）] } 其行为 → { （非常积极） / （……） / （非常消极） }

因此，“时间层面（之前，之间，之后）”可看成是对任务特征分类的一个层面。第二个层面可能是什么呢？第二个层面应该是对相同的6个任务特征另外进行分类，并且独立于第一个层面。任务特征也可根据管理者面对的类型分为两类：一类是面对具有挑战性的问题，如不确定性、困难和责任；另一类是对挑战性问题的解决，如估计风险、解决问题和成功满足的需要。

第一种面对的类型更普遍，这种类型反映了个体置身于挑战性环境中的总体倾向。第二种面对的类型指的是对立物之间的平衡过程。有意思的是，每一种平衡过程与第一种类型中具有挑战性的问题相对应：对风险的估计可以解决不确定性，问题的解决有助于克服困难，而成功需要的满足是对个人承担责任的奖励。

根据定义，可以将成就动机项目看成是态度项目的子集，因此它也是行为项目的子集，所以可以根据大家熟悉的行为特征层面（behavior modality facet）来进行分类。也就是说，可以将层面区分为：认知行为（思维）、情感行为（感情）及工具性行为（采取的行动）。成就特征的映射语句就可衍生出3个方面的内容，具体如下所示：

成就动机项目的映射语句

A. 面对的类型

B. 时间层面

管理者（X）在面对 { （a_1 挑战性的问题） / （a_2 问题的解决） } 任务时，在任务完成 { （b_1 之前） / （b_2 之间） / （b_3 之后） } 其

C. 行为特征层面

{ [c_1 喜欢（认知行为）] / [c_2 满意（情感行为）] / [c_3 承担责任（工具性行为）] } 的程度 → { （高） / （……） / （……） / （……） / （低） }

组合层面A和B中的元素，能够区分成就动机的以下方面：

内容元素组	任务特征
a_1b_1 不确定性	完成任务之前面对的挑战性问题
a_1b_2 困难	完成任务中面对的挑战性问题
a_1b_3 责任	完成任务之后面对的挑战性问题
a_2b_1 估计风险	完成任务之前由于面对的是不确定性的问题，因而是有风险的，为了解决这一问题，需要估计风险，使风险降低到可接受的范围内
a_2b_2 解决问题	完成任务中会遇到困难，因此，应该去解决问题
a_2b_3 成功满足的需要	完成任务之后，做得好就容易达到满意的程度，因此，就容易有成功需要的满足

在图 6.1 中，根据层面 A 和 B，可看到一个成就动机项目的双重分类的空间描述。

面对的类型	时间层面		
	完成任务之前	完成任务中	完成任务之后
挑战性问题	不确定性	困难	责任
问题的解决	估计风险	解决问题	成功满足的需要

图 6.1　成就动机的结构：根据“面对的类型”和“时间”层面来分类

层面 C（行为特征层面）的内容扩展了映射语句，根据映射语句可以设计具体的项目如下：

与结果确定的任务相比，你喜欢结果不确定的任务的程度如何？内容元素组为：$a_1b_1c_1$；

与简单的任务相比，你对困难任务的满意程度如何？内容元素组为：$a_1b_2c_2$；

相比和别人分担责任，你要自己承担责任去完成这样的任务的程度如何？内容元素组为：$a_1b_3c_3$。

增加层面能更好地区分成就动机的各个方面。例如，可以在生活领域层面（政治、体育、商业、教育等）的各领域中区分成就动机。

感兴趣的读者可以做这样的练习：设计出成就动机在各生活领域中的映射语句，并根据映射语句来设计项目。

6.2　人类智力的研究

在前面的章节中，已经介绍过关于智力的映射定义，这一定义明确表达了智力单调性规律。智力单调性规律是以智力项目的共同反应范围为基础的（非常正确，……,非常不正确）。与高智力有关的假设，要求精炼观测领域中的概念。通过提出领域层面就很容易做到这一点。

实际中应该怎样对智力项目进行分类呢？能否确定智力有哪些类型呢？大家都知道有些人擅长数字，有些人擅长言语，有些人擅长空间思维，当然还有一些人擅长其中的几种。这些发现使得心理测量专家认为应该分别用这些材料来测量智力。因此，可以将智力的初始映射语句设计如下：

$$\begin{matrix}\text{被试（X）完成某一} \\ \text{规则的任务时，使用}\end{matrix}\ \overset{\text{材料的种类}}{\left\{\begin{matrix}\text{（言语的）} \\ \text{（空间的）} \\ \text{（数字的）}\end{matrix}\right\}}\ \text{材料，其对规则的应用是}\ \left\{\begin{matrix}\text{（非常正确）} \\ \text{（……）} \\ \text{（非常不正确）}\end{matrix}\right\}$$

观察结果与映射语句是一致的，都是用这三种材料来描述。因此，这个层面的项目采样是有效的。实际上，近年来许多智力研究中都使用了这一材料层面。但是人们可能会产生疑问：智力是否能用其他材料来表示？如社会行为或音乐。事实上，一些心理学家也将社会行为作为智力概念的一部分。社会行为可以评估一些规则应用得是否正确，因此它可以作为另外的元素增加到“材料种类”层面。智力的定义和结构的核心问题是弄清楚“材料层面”应该包含哪些材料。原则上讲，应该尽量使层面元素（如项目类别）能在概念上细化层面分类，并且这些层面中的元素应该相互排斥，即在意义上不重叠。目前，智力研究者应认真地考虑使用什么类型的材料来描述智力。本文中，想让读者明白，通过层面设计可以最有效地达到这一目的。

下面是两个心理学家研究智力时的一段对话：

心理学家 A：在智力中应该测量三个主要的内容：言语、数字及空间。

心理学家 B：这太荒唐了。你忽略了人类行为的重要领域。你把音乐、社会行为、舞蹈及政治放哪呢？在一些国家如果你不知道怎样处理政治关系，你就无法生存。

心理学家 A：根据教育经验，这三种材料就足以预测个体的学业成就，因此对各种教育系统选拔人才是有用的。

心理学家 B：你可能还记得对智力的定义吧，它并没有涉及教育或学术。

心理学家 A：的确是这样的。但是社会行为、音乐或体育活动能用客观规则来评估其是否正确吗？这样的项目能分等级吗？

心理学家 B：是的，我相信社会行为能够这样做。而对舞蹈来说，也可将其视为空间能力的扩展，这已经包含在三种材料之内了。

心理学家 A：那么你将社会行为放到哪里呢？

心理学家 B：可将社会行为作为“材料种类”中的另一个元素。

心理学家 A：那么来看看，如果将社会行为作为材料层面的另一个元素会怎样？

智力的其他内容层面

智力的另一个层面能反映正确完成任务的心理运算能力。Thurstone 认为，这一层面将任务分为两类：一类是规则应用的任务，另一类是规则推理的任务。如“793 乘以 45”就是规则应用的例子，在这一例子中要求被试应用乘法法则来计算两个数的乘积。

如“通过添加下一个数字来使数字连续：1、4、9、____”就是一个规则推理的例子。在这个例子中，希望被试根据数字的顺序规律进行推理。实际上，被试是应用对规则的理解，根据数列的规律推理出下一个数字。因此，发现这样的题目并不是纯粹的推理题目，因为它也要求对规则进行应用。

Thurstone 之后，Guttman 通过对映射语句设计的实证研究，明确了心理运算层面。Guttman 在进一步的研究中指出，心理运算的第三个类别是“回忆”，也称为“规则回忆”，这一类别第一次出现在“学业成绩”的研究中。根据这一“认知任务”层面的分类，智力项目的映射语句现在可表示为：

认知任务　　　　材料种类

被试（X）在完成有关 {（回忆）（应用）（推理）} 的任务时，使用 {（语言）（空间）（数字）（社会）} 的材料，

其对规则的应用 → {（非常正确）（……）（非常不正确）}

6.3　映射语句的灵活性

由于是第一次接触层面理论，许多读者会认为映射语句对研究内容的设计很严格。实际上，映射语句需要明确层面中的研究内容，列举出层面的元素，确定一组观察值的共同意义范围，这样的映射语句才显得较为正式。认为这种“正式”使科学概念更可靠，并有利于科学概念的传承。然而，映射语句结构化并不意味着会限制研究中的创造力。相反，映射语句更方便地表示出独特的、富于想象力的研究设计，而且可以创造性地修改映射语句，使其更符合实证数据。依据以上内容，了解到映射语句是非常灵活的。因此，认为映射语句参与了科学理论的演变过程。

工作承诺层面设计

对组织中员工的研究文献大多强调职业承诺和组织承诺。通常，职业承诺和组织承诺是不相容的，因为进入组织的员工常常需要在对其职业的承诺与对其组织的承诺之间进行选择。为了处理这样的问题，Aranya，Jacobson 和 Shye（1976）根据 Becker（1960，1964）的单方投注理论（side-bet theory），模拟承诺的概念，以系统分析员的观测结果为例提出了这样的映射语句，如下所示：

工作承诺项目的映射语句

层面A：工作框架　　　　层面B：激励的数量

系统分析员（X）在改变其 {（1. 组织）（2. 职业）} 时，如果提供给他 {（1. 较多的）（2. 较少的）（3. 没有）} 激励

层面C：激励措施的类型

增加 {（1. 自我发展）（2. 责任）（3. 地位）（4. 自由）（5. 报酬）} 的机会，他会改变原来工作的可能性 → {（高）（……）（……）（……）（低）}

经过逐一检查映射语句。映射语句中的目标人群层面指的是系统分析员这一特定人群。这一人群是研究关注的重点。

工作承诺可根据概念区分为两个截然不同的职业框架：雇用个人的组织和个人从事的职业，这种分类形成了层面 A。在这里，将工作承诺定义为个人工作框架（分别为组织和职业）。因此，组织承诺和职业承诺是两种更普遍的工作承诺。通过评价个人所作出的牺牲或经受的诱惑，明显、准确地表示出承诺的品质。因此，反应范围层面记录了在面临各种激励措施的诱惑时，被试不会改变原来工作的可能性。

所提供的激励措施表现为各种福利的增加。层面 B 和层面 C 将这些福利分类。层面 C 将福利分为 5 类：报酬、责任、地位、自由和自我发展的机会。这些不同的激励措施产生不同的承诺，如增加报酬的承诺就不同于增加自由的承诺。

特别值得注意的是层面 B。它通过增加激励措施成分，也对福利进行分类。但它是通过激励的数量来进行分类的。因此有人可能会认为激励的数量属于反应范围层面，因为获得的激励数量越多，承诺也就越高。但事实并非如此，在这里对承诺进行评估并不是通过激励的具体数值，而是通过给定一个范围来确定其程度。

这就意味着在反应范围层面中“确定范围”要优于“确定数量”。当然，对这两者应该如何选择是由研究者决定的。这样决定有两个原因：首先，概念的确定似

乎更便于研究，因为这时呈现给被试的问题毕竟还仅仅停留在假设阶段。因此，挖掘个人作答确定性的程度承载了独特的、适当的品质。其次，在领域中设定激励的数量可能区分并分别记录那种不同于激励数量的承诺。因此，不能假设激励越多就越好。如果要承担略多一点的责任，个人可能会想换工作，但如果让他承担较多的责任他仍旧没有换工作，可认为这符合先前的假设。用映射语句表示的定义框架已经展示了这种情况。尽管层面 B 表面上是定量的，但所呈现的设计实际上是定性的。

6.4 内容采样：结构和典型项目的选择

一旦映射语句被设计出，就可编制出实证观察项目。选择合适的项目可以确保观察结果能表示出预期的内容领域。在上述例子中，内容领域是“工作承诺”，认为工作承诺的项目在改变了工作框架（组织/职业）时仍然有一个共同意义范围{一定不会，……，一定会}。

怎样编制实际的项目呢？

覆盖项目（covering items）

编制项目的一个方法是使项目的措词尽可能接近映射语句的措词。例如，在上面关于工作承诺的映射语句中，考虑内容元素组 $a_1b_1c_1$ {组织，较多的激励，发展自我的机会}。一个表示这一内容元素组的项目可以这样设计：

如果让你换单位做相同的工作，但有更多的机会发展自己，你愿意接受那样的工作吗？{肯定不会，不会，可能会，会，肯定会}。

同样，对内容元素组 $a_2b_3c_4$ {职业，没有激励，自由}，可能的项目是：

如果让你在原单位换一个岗位，福利和原来差不多，但不是做系统分析员，而且没有更多的自由，你愿意接受吗？

这类项目称为“覆盖项目”，其特点是使用相同的措词作为层面的元素，整个内容元素组就被完全覆盖了。覆盖项目的优点就是可以通过内容层面对项目进行方便、可靠的分类。因此，覆盖项目虽然能如实表示预期的内容范围，但有时使问卷中的内容显得太抽象。

有时层面和层面元素的设计目的是便于验证假设、形成规律，因此实际的项目就可能过于抽象。在这种情况下，很多根据内容层面来分类的实际项目可用来替换或补充覆盖项目。

采样项目（sampling items）

采样项目是用来探索内容领域的，但不需要完全表示出内容领域。实际上，有不少的采样项目可以较好地表示出一些给定内容的领域。采样项目的优点很明显，即关注的是每一个采样项目是否都符合实际，从而在观察阶段使被试和研究者更容易明白项目的含义。在数据分析阶段，应该适当地对采样项目进行修改，以便更合理地作答。当使用的是采样项目，而不是覆盖项目时，对观察项目的选择范围更广泛。

在对工作承诺的研究中，该怎样对采样项目进行分类呢？可提供如下项目的内容元素组：

如果给你一份工作，让你管理8个程序员，而不是目前的2个，你愿意接受这样的工作吗？{肯定不，不，也许会，会，肯定会}。

显然，项目评估的是组织的承诺而不是职业的承诺，所以它属于类别 a_1；提供的福利不是增加报酬、自由或发展自我的机会，而是增加责任，所以这一项目又属于 c_2，即层面 C 的第二个元素；这里会有争议，因为也可以认为是增加地位 c_3。

最后，管理的程序员由 2 个增加到 8 个，相对于增加更多的人，可以认为责任增加比较小，可认为该项目属于层面 B 中的元素 b_2。但根据内容和比较的人数，分类为 b_1（较大的增加）也是合理的。因此，这道题的内容元素组可以是 $a_1b_2c_2$。

使用内容层面对采样项目进行分类的这种方式指出了定义可靠性的问题。实际上，这使得问题更为精炼。起初，通过集中分析反应范围层面和通过几个同事确定所有项目的共同反应范围来表示这种可靠性，也就是说，会产生这样的疑问：在什么情况下才可以认为项目属于有着共同反应范围的内容领域。现在来考虑一个更深层次的问题：在什么情况下认为项目属于一个特定的，由内容元素组来表示的内容子集。

采样项目的缺点（即内容分类的可靠性有时候没有覆盖项目的高）与它的优点并存。采样项目更有利于在探索性研究中创造性地建立概念，以及在实证性研究中概念的重建（证实猜想）。所有这些都证明采样项目的数量很大。在第Ⅱ部分第七章中将给出采样项目的实例。

6.5 背景变量在对理论导向型的客体进行层面设计时有无影响

任何被拟合到描述态度的映射语句中的变量都已不再是一个背景变量或人口变量，而是一个通过映射语句折射出的内容层面中的实质性项目。它可能会在验证实质性假说和理论中起作用。首先要通过一些例子来说明什么是背景变量。

（1）在那些对外国政治事件、年龄、职业、政党联盟的态度测量中经常被涉及。

（2）在人类智力、性别及相应的社会经济地位的研究中常被提到。

（3）在工业种植中有关生产力、雇员数量和每一种植物地理位置的研究中常被提到。

在这些例子中，研究人员经常用各种信息对背景变量进行分类，如以年龄对背景变量进行分类、以性别对背景变量分类等。在统计学、经济学和一些生物学科中，这是很典型的理论，即这些变量最初反映的是一种经验主义的方法，而不是用来验证假设的。

在以下任一情况下，任何变量都能为理论导向型的映射语句所用：

（1）用来定义所关注的某一人群。这一作用当然只是理论上的，因为它将假设限制在某一特定人群上。例如，在一个对外国援助的态度研究中，研究者可能只将研究限定在21岁以上或对外国事件感兴趣的居民身上。

（2）一个变量可作为研究概念项目总体中的某一项目。在这种情况下，与测量和假设有直接关系的或从理论中发展出来的变量，将它称为“背景变量”或“人口变量”。

举一个例子。在一项有关人类智力的研究中，研究者通过映射语句将智力项目分为言语的、数字的和空间的。对这些项目的反应可设计为“非常正确，……，非常错误”，像对客观规则作出反应那样，这与上文提到的映射定义一样（见第五章）。研究者可加入一个项目来分辨测试者的性别。当然，这一项目并不拟合智力层面，也不是研究人员所需要的那种映射语句。层面理论家们倾向于设计单个的、统一标准的映射语句。以下是研究者与层面分析家就映射语句所进行的讨论：

层面分析家：下午好！你的研究是什么？

研究者：我正在研究 *Playfool* 杂志读者的智力。

层面分析家：你写好有关的映射语句了吗？

研究者：已经写了，我在智力映射语句的基础上草拟了一个映射语句，此外我还增加了一个性别层面。

研究者写下的错误映射语句：

	性别		材料	
	{男性}		{言语的}	
Playfool 杂志的		读者，运用	{空间的}	客观规则
	{女性}		{数字的}	

	认知任务		
	{回忆}		{非常正确}
执行了一个关于	{应用}	的任务，其结果	{　……　}
	{推理}		{非常错误}

层面分析家：有什么问题？

研究者：我想要性。

层面分析家（睁大了眼睛）：你说什么？请再说一遍。

研究者：我的意思是，我希望把性别加入到研究中，但这似乎并不拟合映射语句。总之，以性别分类的项目不在智力项目的定义之中。

层面分析家：你说得很对。这有利于在理论导向型研究中建立一个单一的、统一标准的映射语句。为什么性别在你的研究中那么重要？你的理论是什么？

研究者：哦，我的想法还不能称作理论。但是我的假设是：*Playfool* 杂志的读者中，男性的空间智力比女性的高。

层面分析家：很显然，你应该区分男女读者，以及记录其对应的空间智力的反应。可以得出以下映射语句：

分类后的映射语句：

		空间能力	性别
Playfool 杂志的读者（X）	→	{高}	{男性}
		{低}	{女性}

研究者：但是共同反应范围在哪里呢？

层面分析家：这个问题应该你替我回答。你是基于什么样的理论认为男性的空间智力比女性高呢？如果你想为你的假设提供可依据的理论，就应该为你所调查的观察项目确定一个共同反应范围（无论你的假设或你所依据的理论有多正确）。

研究者：在我看来，似乎自从人类出现在地球上，男性天生就能更好地适应物理环境。例如，男性对狩猎更感兴趣，相应地，女性似乎更关心抚养后代和人际交往。这种对环境的适应情况与对环境的认知紧密相关。因此，也与空间智力有关。

层面分析家：你说得很对，但是你依赖的只是经验性的东西，而没有将空间智力的特征和性别联系起来。试着分析一下空间智力和男性的核心特征（根据你的设想）。

研究者：一般认为，男性天生更强调物理性的或空间性的生物属性，如肌肉系统。空间智力和男性就像物理或空间定位一样都是一般概念。

层面分析家：你说得很对，你刚才所说的空间定位就是你的观察系统中的共同反应范围。采用这一反应范围针对你的研究来重新设计一个正确的映射语句。

映射语句：用于分析空间智力与男性之间的联系。

	空间定位形式			
	{空间智力}			{高}
Playfool 杂志的读者通过	{……}	表现出的空间定位能力	→	{……}
	{男性}			{低}

层面分析家：如果使用这种方式来组织的话，你的观察就能表达出空间智力与男性之间的关系，这正是你想要测量的东西。

研究者：这与我之前的映射语句很不一样。

层面分析家：检验这两个映射语句之间的不同之处是很有意义的。

研究者：首先，我认为我的研究是关于智力的。但是，现在我的研究似乎变成了空间定位这一更抽象、更不熟悉的概念。

层面分析家：这的确是最重要的概念转换，但是要注意如何将这种转换呈现在新的映射语句中。首先，你的原始映射语句中的性别层面消失了、被替换了，关于男性的概念变成了新映射语句中的一个层面元素。这一元素可以容纳关于男性和空间智力关系的假设。的确，另一个层面元素包含的新内容层面是空间智力，这在任何其他层面中都没有区分。但你还是需要对项目进行适当的挑选以充当空间智力的样本。

这种思考方式将使男性可用一系列经过挑选的变量来代表，这些变量可能与空间定位，如视觉特征、运动及更深层的生理特征有直接关系。但是，当这种扩展穷尽了关于空间定位的生理特征，你就可能需要放弃男性（作为收集在某种程度上与性别有关的特征的方便的标签）这个概念，并且关注那些与理论更直接有关的项目。

研究者：另一方面，我注意到放弃了一些项目，就是那些关于言语或数字智力的项目。

层面分析家：从你的假设中我没有看到任何关于智力成分的假设。如果你有，我愿意帮助你。

研究者与层面分析家的以上对话反映出映射语句在理论导向型研究中具有重要作用。映射语句扮演着将观察系统变成实际操作的角色，但它的形式要由所要验证的假设来决定。因此，尽管映射语句既不是理论，也不是假说，但在系统阐述理论和假说时，它却为定义层面和层面元素提供了关键的概念。映射语句应着重关注那些在理论或假说研究中必要的和关键的概念。

检验映射语句结构的规则是确保每一个内容层面（不包括目标群体和人群层面）都构成一个对观测项目独立的分类。如果你发现一个或多个内容层面实际是对人群的分类，你最好清楚地了解将群体进行区分到底有什么意义，像上述研究者在他的原始映射语句中由于关心的是性别层面，而错误设置的映射语句。如果没有这种情况，那是因为你只关注潜在群体，就像研究者后来意识到的那样，研究本身可能有一个中心角色。

在这种情况下，为所有变量建立一个新的共同反应范围是很有意义的。这个工作应从详细地描述你的假设（可将分类映射语句作为辅助工具），以及为你的假说找到相应的基本理论开始。这个基本理论通常是潜在的、抽象的和概括性的。这些都表明了适当的共同反应范围在建立正确的映射语句时所起的作用。

层面分离的原则：内容层面用于将项目分类。反应层面用于将被试分类。

练习：一个关于技术教育的研究想要验证如下假设：

在一个特殊工程学校的理论课中，理论型的工程师（大学教师）会比实践型的工程师（从业人员）教得更好，学生的成绩也会更好；但在实践课程或车间作业中，则从业人员会比大学教师教得更好。

基于以上假设，研究者设计了一个错误的映射语句，具体如下：

错误的映射语句

A. 指导老师的背景		B. 指导老师的培训	
{学术型的} {实践型的}	指导老师受过	{理论 } {实验室}	的良好训练

	C. 教授课程类型		D. 评判标准	
在教授	{理论型} {实践型}	的课程中，用	{学生的成绩 } {学生的主观评价}	的标准来判断

其教学成效是 → { 高 }
{……}
{ 低 }

可以通过它的共同反应范围、领域层面及对假设进行适当性的验证来评估这一映射语句。

解决办法：在这个映射语句中，语句似乎是合理的。它的共同意义在一些研究中是合理的。但这里的共同反应范围符合当前研究的期望吗？也就是说，它验证了以上两个假说吗？事实并非如此。首先回顾一下映射语句的层面分离原则，在这个映射语句的层面中是否出现了它本该定义的内容层面？

层面 A：指导老师的背景，包含教师是学术型的还是实践型的，即计划把指导老师分为“学术型的”和“实践型的”，但它并没有将教育成就项目分类。因此，如果这种“学术型”和“实践型”的区分是客观的，那么它更应该是一个反应层面（箭头右边的内容），而不是内容层面。

层面 B：指导老师所接受的训练只区分了教师的类型，却没有区分教育成就的不同，即这一层面只能说明这些教师中一部分人受过良好的理论训练，一部分人受过良好的实践训练。因此，这一层面也应该用反应层面来表示。

层面 C：再来看层面 C。从这一映射语句中可看出，层面 C 清楚地区分了这两种教育成就：理论型课程的成就和实践型课程的成就。它区分了观测项目，项目的反应范围是教育成就。因此它属于内容层面。

层面 D：评估标准中，这两种不同的标准可以用来评估教育成就：一个是通过学生的平均成绩来评估，即以某种标准所测得的客观成就；另一个则是通过学生从不同教师所教授的不同课程中获益多少的印象来评估的主观成就。因此，层面 D 同样将观测项目进行了区分，属于内容层面。

总之，根据层面分离原则，除了群体层面，只有层面 C 和层面 D 遵从了其所测量的内容。

这个假设的核心及基本理论是什么呢？指导老师（他或她）的教育背景或受过的特殊训练越好，对学生的教育越有成效。实际上，这就将指导老师所得到的与他能给予学生的联系起来，并且符合逻辑。这种人际转换有两个方面：指导老师的所得与所给有共同的特征，并且都需要评估。在分类映射语句中，每个特征都有自己的反应层面。

教育背景（R_1）　　　　　　　　训练（R_2）

{学术型}　　　　　　　　　　　　{理论　}
{实践型} 的指导老师受过　　　　{实验室} 的良好训练，在

教育成就　导致学生成绩（R_3）　通过学生的主观评价（R_4）

理论型课程的教授中的成就 { 高 }　　{ 高 }
{……}　　{……}
{……}　　{……}
{ 低 }　　{ 低 }

实践型课程的教授中的成就　通过学生成绩（R_5）　通过学生的主观评价（R_6）
{ 高 }　　{ 高 }
{……}　　{……}
{……}　　{……}
{ 低 }　　{ 低 }

注意，研究者原始映射语句中的层面 A 和层面 B 在分类映射语句中并没有变化，因为这两个层面都将所要调查的指导老师进行了分类，遵循了层面分离原则。作为内容层面的原始层面 C 和层面 D，将项目进行了分类。因此，根据层面分离原则，在其原始形式中看不到共同反应范围。在这四种项目类型中，层面 C 和层面 D 可用来对调查群体进行分类。如从原始映射语句的层面元素中选出 c_1 和 d_1，产生了分类映射语句中的反应层面 R_3，层面元素 c_1 和 d_2 产生了层面 R_4 等等。

检查假设中的分类映射语句及所依靠的基本理论，发现层面 R_1 和 R_2 各自关注的内容是指导老师的教育背景和所受的训练，层面 R_3 和 R_6 则关注在学生的学习成就方面老师的表现，即老师给予了什么。如果 R_1 的反应层面分成两个反应层面，那么学术背景和实践背景就可被单独评估。同样，将反应层面 R_2 拆分，那么老师的理

论训练和实验室训练也可被单独评估。此时，映射语句就变成：

	学术背景 ($R_{1.1}$)	实践背景 ($R_{1.2}$)	理论训练 ($R_{2.1}$)	实验室训练 ($R_{2.2}$)
	{ 高 }	{ 高 }	{ 高 }	{ 高 }
指导老师→	{……}	{……}	{……}	{……}
	{ 低 }	{ 低 }	{ 低 }	{ 低 }

理论课程成就		实践课程成就	
通过学生成绩（R_3）	导致学生主观评定（R_4）	赢得学生成绩（R_5）	通过学生主观评定（R_6）
{ 高 }	{ 高 }	{ 高 }	{ 高 }
{……}	{……}	{……}	{……}
{……}	{……}	{……}	{……}
{……}	{……}	{……}	{……}
{ 低 }	{ 低 }	{ 低 }	{ 低 }

从这个最终的分类映射语句中，可以继续将结构性映射语句形象化。结构性的映射语句是“映射的领域是一个笛卡儿集合，其中一个层面是群体，另一个层面是明确的（内容层面），其反应范围涉及一个或多个领域层面”(Shye，1978)。

结构性映射语句的指数（幂）包含在它的层面设计和修整中。经常使用笛卡尔集合这个概念。设计映射语句首先要求为观测目标确定一个合适的共同反应范围。参照研究者的第一个目标，在例中的共同反应范围并不是教学成就，而是知识的传递。这一概念包含了老师在教育背景和专业训练中获得的先前经验和知识，以及他们传授给学生的当前经验和知识这两个方面的内容。现在，共同反应范围就变成：

{ 高 }	
{……}	
{……}	知识的传递
{……}	
{ 低 }	

接下来看绝对映射语句中反应层面的命名。实际上它决定了研究所关注的子域的内容，每个子域内容可用一个或多个项目代表。笛卡儿结构的内容可用于将项目或子域分类，一次分类遵循一个标准。检查反应层面的命名，会发现它们可以分为两类：一类是那些涉及老师所获得的——他或她的教育背景和所受训练（$R_{1.1}$，$R_{1.2}$，$R_{2.1}$，$R_{2.2}$）——与老师成就有关的；另一类是他或所给予学生的（R_3—R_6）。这两个针对“得到”（背景和训练）的标准和针对“给予”（客观成绩和主观评定）的标准，形成如下的领域内容层面：

{得到（$R_{1.1}$，$R_{1.2}$，$R_{2.1}$，$R_{2.2}$）}

{给予（R_3，R_4，R_5，R_6）}

关于第八个子域的另一种分类，一方面受到理论或学术材料的影响，另一方面受到实践或实验室训练的影响。因此，第二个内容层面是｛理论的，实践的｝材料。这两个层面区分了所要验证的假设的关键层面。将人口层面、反应层面和这两个内容层面结合起来，就可得到如下映射语句图：

此研究中教师所受训练与学生成绩间关系的映射语句：

	人际传递（T）	材料（M）		
				｛高｝
指导老师	｛1. 得到｝ ｛2. 给予｝	｛1. 理论的｝ ｛2. 实践的｝	训练的程度实现了	｛……｝ 的人际传递
				｛低｝

一个更人性化的、更具有技术性的映射语句可能如下：

	人际传递（T）		材料（M）	
	{1. 有教育背景}		{理论型}	
	{2. 经过训练}	使用		的材料
指导老师	{3. 通过学生的客观成绩判断}		{实践型}	
	{4. 通过学生的主观印象判断}			
	{ 高 }			
实现了	{……} 的人际传递（层面T）			
	{ 低 }			

为每一个子域，即研究者理论背景下的子域选择或创造项目。可根据非正式规则如根据研究目的和研究者所精通的知识对特殊变量进行构想和选择。通过放弃项目内容的某些方面，可将研究者认为与研究假设不相关的项目进行非正式化，即不将其纳入层面。在这个例子中，对原始假设的验证可通过对项目间联系的测量评估来实现，如计算子域 T_1M_1 和 T_2M_1 中项目之间的联系及计算子域 T_1M_2 和 T_2M_2 中项目之间的联系来检验。

遵循层面分离原则的映射语句并不比那些不遵循层面分离原则的映射语句正确多少，但遵循层面分离原则的映射语句能更好地解释理论。

强化（intensification）

要使研究内容得以强化其实很简单，在映射语句中增加一个内容层面就可以了。

一个新的内容层面说明观测目标的数量会成倍地增长，因此这个层面中的每一个元素都要加以描述。在以上练习中，研究者加入了这样的假设：指导老师的教育背景和教育成就是变化着的。也就是说，随着学生的年龄或受教育的阶段变化而变化，学生的受教育阶段可以分为低（大学一年级或二年级），或者高（三年级或四年级），或者已经毕业三个阶段。结果发现，学生的受教育阶段越高，与指导老师的教育背景和教育成就的联系就越强。反之，学生的受教育阶段越低，这种联系就越弱。这一区分构成了一个合理的内容层面，因为它将调查所涉及的指导老师水平进行了区分。这一类型的强化支持了在研究中增加假设是可行的这一观点。

使映射语句得以强化的另一种方式就是根据项目是否涉及言语或形象的材料，将项目进行区分。假设理论的和实践的知识都能这样来区分，那么整个内容领域可能会得到很大的扩展（实际上是两倍的扩展），从而产生一个更详尽的设计。

强化常用于依照收集数据的不同步骤进行分类，甚至根据观测情况方面进行分类。Guttman 和 Levy（1991）在一个关于智力结构的研究中发现，层面的表达形式{口头的，手工操作的，纸笔的}是智力测验中一个重要的层面，例子见第四章。

在观测设计中，层面理论构建这种有技巧的层面方法，就类似于我们所熟知的多质多法设计（MTMM）。数据分析步骤将在第Ⅱ部分第七章和第八章中讨论，这可以帮助我们判断一个层面是“方法”层面，还是代表了研究内容的实质层面。原则上讲，通过程序性或技术性的层面缩小子域范围的这类强化，可用来将观测项目分类，如精确地表达观测情况的特征（如每天多少次、被试性别等）。

在面对面的谈话中，提问所采用的措词在有关健康态度的调查中是很重要的。研究发现，被试的回答受到问题是正向提问还是反向提问的提问方式的影响。

正向提问的题目，如：

“目前为止，你的生活中有目标吗？”{有明确的目标，……，完全没有目标}

反向提问的题目，如：

“你曾经有过不知道未来将会发生什么的这种状况吗？”{从没有过，……，经常有}

这两个问题都取自 Antonovsky（1987）的“连贯性感觉 Sense of Coherence”中的题目。这一系列的问题中既有反向提问，也有正向提问。因此，这一分类构成了观测设计的一个可能层面。研究者是否选择用消极词语或积极词语将层面清晰地分类，取决于这个层面是用来探索还是验证假设的。

6.6 结论

映射语句是对内容和映射范围的语言描述，将层面与普通的语言联系起来（Shye，1978）。映射语句将内容层面、反应层面联系起来，因此为实证的观察系统提供了语义框架。

建立映射语句可将研究者的构想变成具体的实证内容。这一工作遵循以下技术和步骤：

（1）遵循层面分离原则，即内容层面用来将项目（变量）分类，反应层面用来将被试分类。

（2）说明反应层面的意义。如果存在共同反应范围，要能识别它。

（3）为每一个内容层面命名（不仅仅是一个标签）。一个恰当的层面名实际上代表了识别元素的规则。层面元素应该是详尽而独有的。

（4）在使用笛卡儿分解、扩展、强化研究内容领域的形式时，要记住实证的观测变量应遵循这些待检验的操作和假设。

映射语句为待验证（或待探索）的假说提供了正式术语，但映射语句本身不是一个理论。验证假说所使用的统计学方法可以丰富多样，可以是求平均数、相关系数、相关差异、回归或其他的统计方法。层面理论提出的“内容数据统计方法”特别有用。这种“内容数据统计方法”也就是以概念空间或空间分区类型来确定的分区假设。内部数据分析是第Ⅱ部分的内容。

练习 6.1

为观测个人的领导能力建立一个映射语句，至少要有两个层面。

提示：可思考区别影响类型和任务类型的方法。

第Ⅱ部分
内部数据分析：处理多变量数据的方法

第七章　行为理论：用 FSSA 将概念图像化

本章将举例说明如何将概念比作一个占据连续空间的物体。这种比喻对行为科学中的理论构建及数据分析都产生了深远影响。因为概念内部结构具有连续性，用物理空间呈现一个概念（如智力、积极态度、工作承诺等）是可以实现的。在这一方面，层面理论及其主张的多变量分析方法与目前所有的其他方法不同。层面理论的一大贡献在于它引进了一个新的统计方法。这种方法比相关分析具有更好的结构性，同时这种方法使行为研究思想得到发展。对概念空间中的子域进行空间排列，可以更好地发现数据中的科学规律。

掌握层面理论中的数据分析方法关键在于理解这样一点：对调查的实际内容进行变量选择，实际上，就是在从属于内容层面的所有变量中选出一个样本。

问：一个人有多少种智力？

答：无限多。

根据智力的映射定义，智力可被定义为属于内容映射定义的所有项目的集合。一个项目属于智力测试项目须符合以下条件：①它涉及的领域是询问被试在客观规律问卷上的表现；②它的反应范围是从非常正确到非常错误。

因为不同项目代表了不同类型的智力，并有无限多的项目符合上述描述，因此智力的类型也是无限多的。

除了智力，还有很多其他概念，如态度、健康、调节行为、组织功能、经济实力和生活质量等，它们也是相同的。

实际上，映射定义用于判断这些项目是否属于所要研究的概念。因此映射定义是区分题目是否属于这个概念，而不是区分定义集合内项目之间的差异。区分项目之间的差异是属于映射语句中领域层面的任务。也就是说，尽管用明确反应层面的共同意义的方式定义内容层面，但是对映射语句中的领域层面进行描述提供了一种把领域变成子域的方法。

问题：给定一个映射语句，如何确定其内容子域？

答案：内容子域是由不同的内容元素组决定的。一个内容元素组就是从每个内容层面抽出一个元素组合而成的。

尽管如此，内容层面的分类只是构思出来的，它只是研究者在特定情况下的一种分类。为了达到科学调查的目的和使测量具有意义，必须用实证证据证实概念的内部结构。

7.1 将概念空间像物理空间一样呈现出来

使用物理空间来表示多元概念是非常有用的。模拟概念空间是用一个几何图形来表示概念空间。这个几何图形是由一系列属于这一概念的不同项目组成的。每一项目在几何空间中占据一个点，在这个概念空间中各个点之间的距离（或差异性）是很重要的。因此，如果不对由实证数据决定的项目间距离进行描述，那么概念空间将是不完整的。

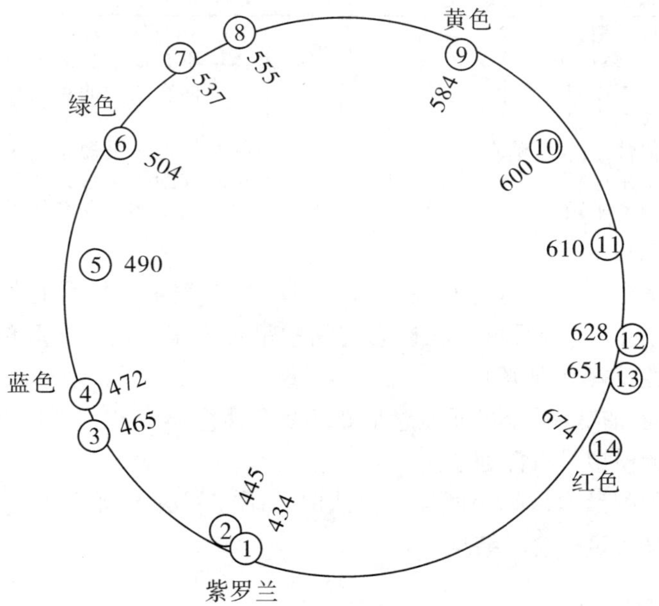

图 7.1　多元概念：对于一个抽象的心理概念，可用把它比作一个物理实体的方法来处理其复杂性，就像 Shepard（1978）**提出的颜色知觉的概念是用一个圆环来表示**

资料来源：S. Shye (1978). *Theory construction and data analysis in the behavioral science c.* San Francisco：Jossey – Bass.

项目间的距离如何定义呢？在目前的科学调查中，已经提出并应用了几种方法。选择其中的一种，或创造一种新的方法是科学理论的一个重要部分。最常用的测量方法如下：

（1）联合统计法（statistical measures of association）：是指根据样本大小，计算出一个相关系数，或一个单调性相关系数，也可采用其他计算两个项目之间相关性的方法。在概念空间中，相关性越高表明两个项目越相似，即它们之间的距离就越近。

（2）直接判断法（direct judgments）：是指让一组专家用给定的度量标准对项目之间相似程度进行判定的方法。评定程度越相似，表明两项目间的距离就越近。

（3）混淆程度法（confusion measure）：在实验中记录下刺激间的混淆程度，可以作为相关项目中的接近程度。混淆程度越大，距离越近。

在心理学和社会学的文献中，提及并应用了其他一些建立在似然估计、观察和计算得到参数的测量方法。

在选择测量方法时，需要注意这种方法在理论上是否具有科学性和可操作性。但是，使用相关系数的统计方法是最普遍的。

用几何空间对概念空间进行模拟总结如下：

概念空间（如智力）	模拟几何空间
行为概念	一个几何空间
（内容域）	（或者说一个几何空间的子空间）
观察项目	几何空间中的点
（特定变量）	
中介相似性矩阵的测量	点际相异性（最短距离）
（如皮尔逊相关）	由欧式距离函数计算
内容子域	一个区域（由空间中相互联系的子域组成）

上图所要重申的是，每一观察项目可用一个点表示，然后它们之间的相似性（或距离）就确定了，并且可以在概念空间中呈现出来。用点之间的几何距离来表示项目的相似性就容易理解了。

用物理空间图描绘一个多元概念是处理复杂概念研究和测量复杂概念的有效途径。概念空间的模拟具有深远意义。

在提出一种测量项目间相似性的方法时，研究者决定概念之间的相似性类型，然后它的性质又决定概念的结构。

连续性原则

一对一地把所有项目映射到几何空间。

连续性原则：是指概念中每一个观测项目都能映射到表示概念的几何空间中，而且几何空间中的每一个点都对应着概念中的某一项目（Shye，1970），因此每两个项目之间还有无数多个项目。以上原则说明概念是由项目组成的连续区域。概念空间中的不同区域表示根据概念对项目的分类。一般来讲，几何空间（或空间的子集）的区域与子概念对应。例如，实证证据表明人类智力包括几个子概念，如语言智力、空间智力、数字智力及其他智力。其中每一种智力在概念空间中形成一个连续的子区域。

7.2 最小空间分析：抽象概念的有形表征

为了把抽象概念转变为一个物理空间，需要合适的数据分析程序。这个程序叫做“最小空间分析法”（smallest space analysis）。这个程序要求一系列的对象和一个衡量相似性的指标。通常对象是指观察变量（项目），指标是相关系数。

举一个简单的例子。“体育锻炼”这个概念由以下三个体育锻炼的项目组成，这些项目施测于特定人群：

项目 S（游泳）：你多久游泳一次？

项目 J（慢跑）：你多久慢跑一次？

项目 B（打球）：你多久打一次球？

所有项目都有共同反应范围：

1. 非常频繁（一星期 6 ~ 7 天）
2. 经常（一星期 3 ~ 5 天）
3. 不经常（一星期 1 ~ 2 天）
4. 偶尔（一个月 1 ~ 3 天）
5. 很少（一个月少于一天）
6. 从不

相关关系计算如下：

变　量	相关系数
游泳（S）和慢跑（J）	0.70
游泳（S）和打球（B）	0.10
慢跑（J）和打球（B）	0.30

相关系数构成了 SSA 所要输入的基本数据，通常用矩阵的形式呈现其相关系数。

	S	J	B
S	—		
J	.70	—	
B	.10	.30	—

从上图可知，相关系数矩阵是对称的。例如，游泳和慢跑的相关系数是 0.70，

慢跑和游泳的相关系数也是0.70，S，J和B是体育锻炼空间（确切地说是体育锻炼的频率空间）中的三个点。空间中两点距离是根据相关系数来确定的。

现在，如何把“体育锻炼”这个概念（有三个题目：游泳、慢跑、打球）及它们之间的相关关系转移到几何空间呢？非常简单，把一张纸当作呈现体育锻炼概念空间的几何空间。可以用石头来表示项目，这些石头的数量和项目的数量相匹配。把三个石头放在纸上（代表有三个项目），在每个石头上刻好各自所代表项目的标签。

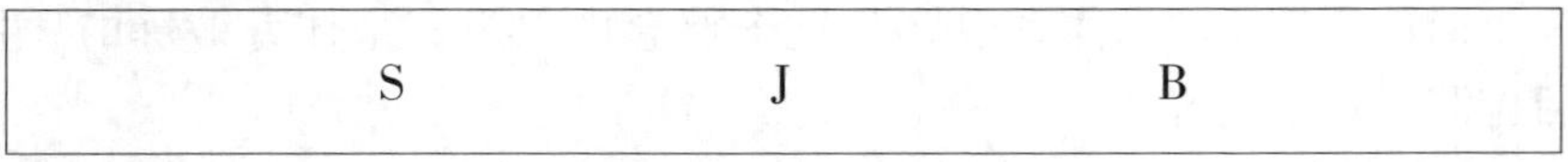

然后，在纸上移动石头，使得它们之间的距离反映它们之间的相关关系。这时应注意上面的相关系数矩阵，S 和 B 之间的相关系数最小，表明它们之间的距离最大。

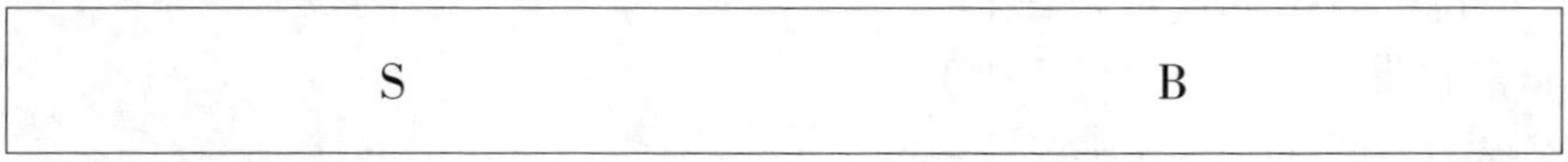

因为需要安排三个项目，现在只剩下一个项目 J，它的位置需要满足这样的条件：J 到 S 的距离短于 J 到 B 的距离，因为 J 和 S 的相关系数大于 J 和 B 的相关系数。JS 加 JB 的距离要大于 SB 之间的距离，所以呈现结果如下：

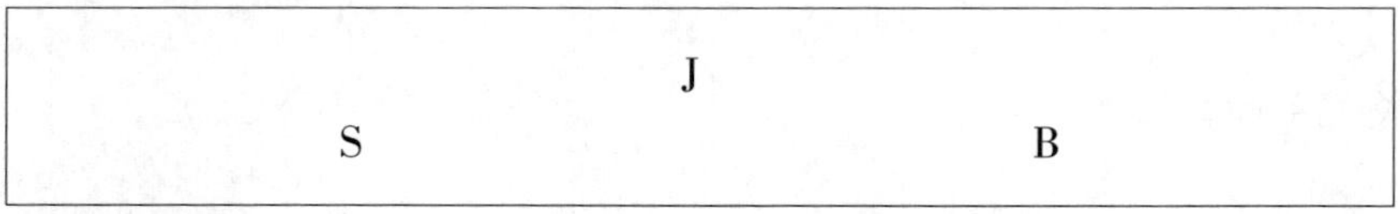

这种表述的确表达了设计要求：每一个题目由一个点表示，点与点之间的距离表示相关关系。距离越大，相关性就越小。

单调映射条件

在把概念项目映射到几何空间中的时候，两个项目之间的相似性（如相关系数）越大，几何图像中代表这两个项目的点之间的距离越小。

值得注意的是，对于 J 的定位方法不是唯一的。因为一些可供选择的定位方法也符合单调映射条件。这些方法的多样性是由于考虑的变量较少且是非计量的。也就是说，它不是用规定的数学函数把相关系数转化为几何空间的距离。所以，在选择定位方法（只要可供选择的定位方法都符合单调映射条件）时有一定的自由空间。下面的理论可帮助把选择的范围缩小，这一理论是科学家迫切需要的。

最小空间法

在选择一个概念空间的映射时，选择拥有最少维度的映射。

最小空间可以简单地理解为“拥有最小维度的空间”。一个使用平面纸（用一张纸就足够了）的映射拥有两个维度。上图用两维空间就把 S，J，B 的关系分析清楚了。接下来看看下图。从图中可发现，并不需要二维平面，只用一条直线（如直尺的刻度），就可以把这种关系表述清楚。

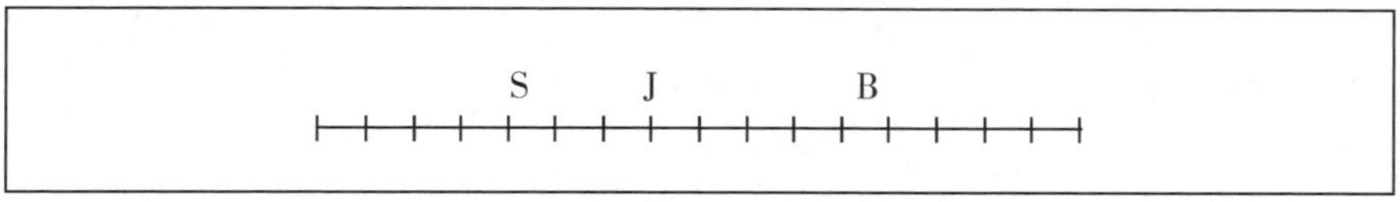

上图是一维的，给定这个空间，各点的关系就能很清楚地表达。因此根据最小空间法，选择一维空间。

为什么要选择最小空间呢？把概念空间映射到一个几何空间只是分析一个概念空间结构的第一步。在保证清楚呈现变量之间本质关系的同时，选择最小维度的映射。为了选择维度的映射，试图寻找能够拟合数据的最低维度的空间结构，空间结构维度越少，越能清晰地反映复杂数据背后的本质性规律。寻找低维空间结构也就相当于限制了理论参数（即低维空间要估计的参数更少），这一点将在后面章节中详细说明。

然而，必须注意的是，从逻辑上讲，最小空间不需要概念固有的空间维度。如果项目样本不足以代表整个概念来发现所有维度，那么就需要增加概念空间的其他项目来增加维度。

7.3 SSA 在验证假设和理论构建中运用的实证例子

在这部分，将应用 SSA 来研究知觉、智力、成就动机、人格理论、社会理论、团体结构、工作狂、生活质量和工作生活质量。

颜色知觉：圆环圈起来的线

问题：试想下某个人给你几个不同颜色的按钮，如从紫色到蓝色，从绿色到黄色，从橙色到红色。让你在以下情况下按键：两个按钮的颜色越相似，它们在表盘上的距离越近。这个映射的结果是怎样的呢？这些彩色键该怎样分布呢？是在桌子的表面吗？如果这些键都安排在了合适的位置，你能发现什么规律吗？

答案：一种猜测是，颜色（即纯色）可能是线性排列的，即形成一条线。如下表 7.1 所示。

表 7.1　14 种颜色的相关性（由人主观判断）

波长	波长													
	434	434	434	434	434	434	434	434	434	434	434	434	434	434
434	—													
445	.86	—												
465	.42	.50	—											
472	.42	.44	.81	—										
490	.18	.22	.47	.54	—									
504	.06	.09	.17	.25	.61	—								
537	.07	.07	.10	.10	.31	.62	—							
555	.04	.07	.08	.09	.26	.45	.73	—						
584	.02	.02	.02	.02	.07	.14	.22	.33	—					
600	.07	.04	.01	.01	.02	.08	.14	.19	.58	—				
610	.09	.07	.02	.00	.02	.02	.05	.04	.37	.74	—			
628	.12	.11	.01	.01	.01	.02	.02	.03	.27	.50	.76	—		
651	.13	.13	.05	.02	.02	.02	.02	.02	.20	.41	.62	.85	—	
674	.16	.14	.03	.04	.00	.00	.00	.02	.23	.28	.55	.68	.76	—

紫　蓝　绿　黄　橙　红

0　0　0　0　0　0

资料来源：Ekman（1954）.

这个原理可用光的物理性质来阐释。每一种纯色都有其独特的波长，紫色的波长最短（434 纳米），红色光最长（651 纳米）。尽管如此，这个问题的答案还是表现出不同。

谢帕德（Shepard，1978）重新分析了早期收集的相似数据。这些数据实质上是一个相似指标的矩阵。如表 7.1 中的每一个指标表示一对颜色的相似程度。

当矩阵用 SSA 来计算时，会发现 14 种颜色被安排在一个二维空间图上。蓝色在紫色旁边，绿色在蓝色旁边，黄色在绿色旁边，橙色在黄色旁边，红色旁边是橙色。让人不解的是，红色旁边是紫色。尽管这里的相似性是由波长的相似性决定，但波长最短的颜色却与波长最长的颜色挨在一起，形成了一个圆。这一发现对先前的颜色知觉理论造成了一定影响，并引申出了心理学理论和行为学理论中颜色结构的区别。

这个例子得出了以下结论：项目之间相似性的测量（在这个例子中为颜色）并不一定要用到数据的相关系数。根据研究目的，通过对一组项目的测量来直接估计数据的相似性也是合理的。此外，这个例子也进一步阐明了连续性原则，即不仅每一种单一颜色能够在这个圆上映射出一个点，且这个圆上的每一个点代表一种单一的颜色。对于在实验中没有涉及的颜色，其假设是：人类颜色知觉的结构模型是一个圆环型模型。这样就可使研究的范围扩展到观察现象以外，并为预测提供了可能性。最终，提出了一个在心理学领域及社会学领域都广泛应用的模型结构，即圆环型结构。并把这个模型结构命名为：环状模型。因此，在实际例子中，可以说颜色知觉的环状模型理论、生活地区的环状模型理论等。

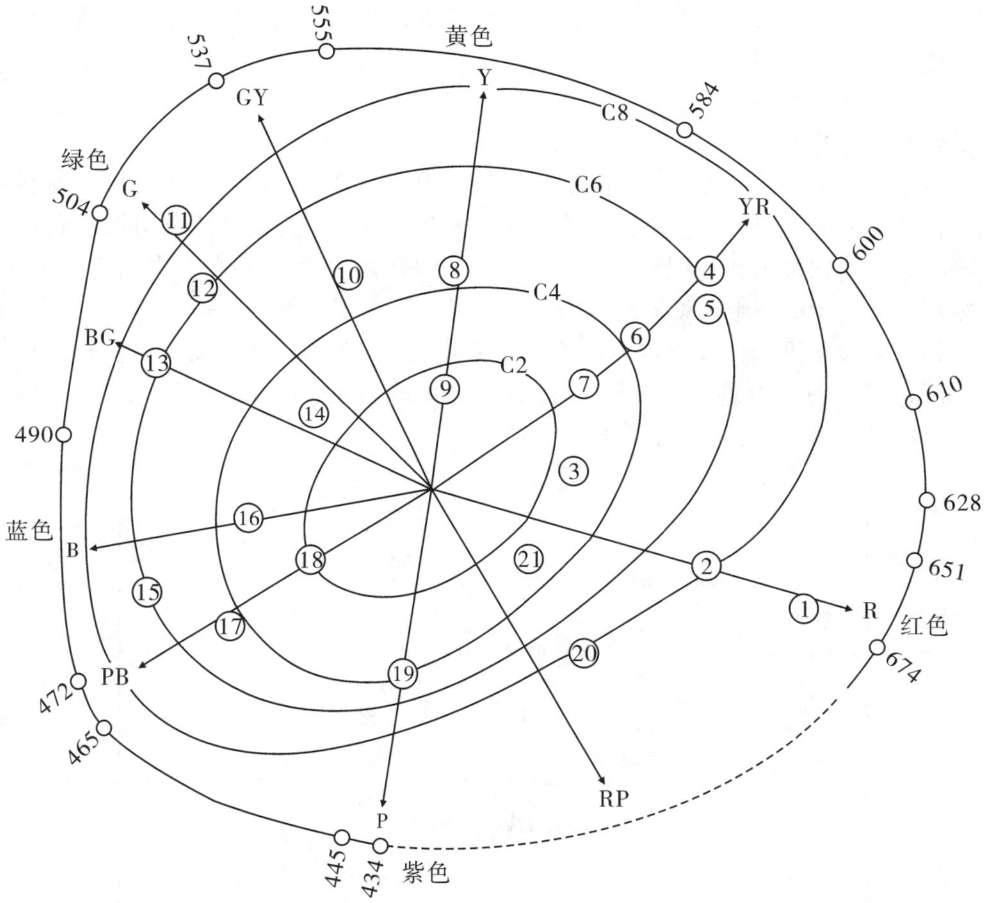

图 7.2　Indow & Uchizono（1960）对 Munsell 的 21 种颜色相似数据的非计量化分析模型

资料来源：S. Shye（1978）. *Theory construction and data analysis in the behavioral science c*. San Francisco：Jossey – Bass.

基于 Indow 和 Uchizono（1960）收集的 21 种颜色饱和度和色调的非相似性数据，Kruskal 和 Shepard（1978）提出了更加复杂的分析。这一分析证明相同饱和度颜色是呈圆环状排列的，相同色调（如绿色渐变区域，即从浅绿变为深绿的区域）呈线性排列。这样就构成一组同心圆环，伴随着从共同中心或者说原点向外发射的雷达射线（见图 7.2）。每一种颜色的坐标由两种特征决定：色调和饱和度。其中色调决定颜色坐标与中心圆的夹角，饱和度决定颜色坐标到原点的距离。饱和度越大，点到中心的距离就越大。

这就表明“颜色知觉的雷达理论”是“颜色知觉的圆环理论”的一个延伸。这个雷达图是由若干射线及一组同心圆环构成。有趣的是，点逐渐接近模型的中心，则其饱和度逐渐降低，色调的相似性逐渐增加。也就是说，当颜色逐渐变淡时，颜色个性逐渐丧失，相互间的相似性就越大。正如所看到的那样，当一个点到原点的距离增加时，雷达理论应用于实际领域就变得更有意义了。其中一个实例是关于智力的研究。

人类智力的雷达理论

第Ⅰ部分第六章呈现了智力的映射语句，把智力分成了两个内容层面：材料层面，把项目分成空间的、言语的和数字的；任务层面，即完成智力任务时是否用到规则推理、规则应用和规则记忆。Guttman 于 1965 年证实了人类智力的雷达模型。材料层面在雷达模型中由楔形区域表示，任务层面在雷达模型中扮演模块角色（如三种任务呈线性排列，规则推理离模型中心最近）。在所有智力测验中，有关相似性的测量都是通过电脑处理被试在智力测验中的表现而得到的相关系数。目前，Shye（1988）提出了智力测验常模，见图 7.3。

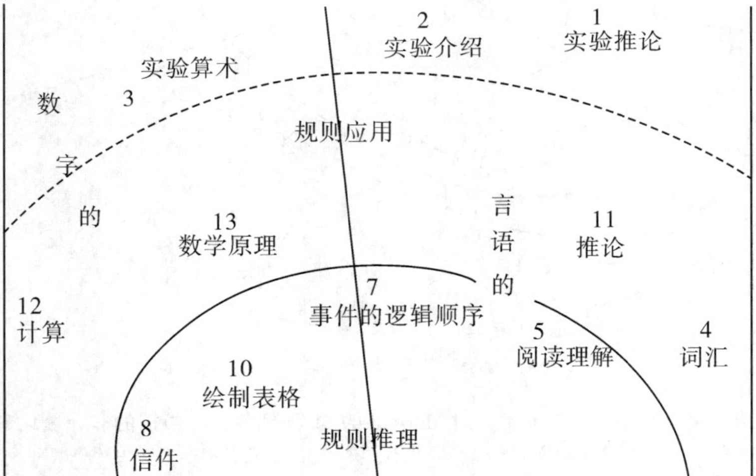

图 7.3　智力雷达图：智力空间被划分成三个区域（空间的、数字的、言语的）和三个同心圆（规则推理、规则应用、规则记忆）

资料来源：S. Shye（1988）.

值得注意的是，定义的各层面元素看似分散，但实际内容层面的元素都是连续的。例如，规则应用和规则推理之间的界限实际上是很模糊的。同样，如果考虑到某些智力项目涵盖几个方面。例如，在材料层面中既属于语言成分，又属于数字成分，那么在SSA中可以预测这些智力项目处于两个楔形区域的分界线附近。

智力的雷达理论运用广泛，本例可作为所有雷达理论的一个代表。项目之间的差异越小，区域的分离越不明显。一般来说，用一种材料在规则推理项目上的得分来预测另一种材料在规则推理项目上的得分，而这比用一种材料（如言语材料）在规则记忆上的得分来预测另一种材料（如数值材料）在规则记忆上的得分，效果更好。也就是说，不同材料层面的预测力通常在智力的规则推理方面比在智力的规则记忆方面更好。

智力的雷达理论得到了Guttman（1965）、Schlesinger & Guttman（1969）、Snow等（1984）、Shye（1988）、Tziner & Rimmer（1984）、Zeidner & Feitelson（1991）的研究支持。其中有研究者（Guttman & Levy，1991；Zeidner & Feitelson，1991）提出了第三个层面，即第三个维度。Guttman和Levy（1991）定义了第三个层面："表达方式"层面：{口头表达，手工操作，纸笔}。这就出现了几个雷达图（每一种表达方式构成一个雷达图）呈线性排列，并产生一个有层次的蛋糕状模型，将其称为"柱形结构"（见图7.4）。

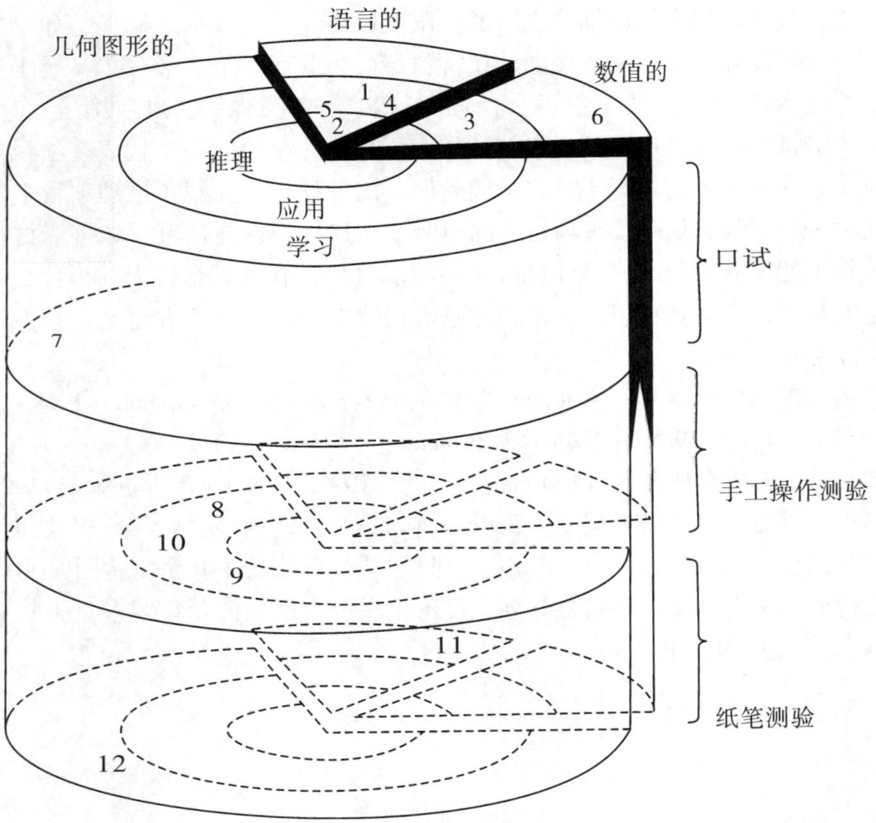

图 7.4　三维式儿童智力测验柱形结构简图

资料来源：Guttman. L. & Levy. S (1991). 智力测验的两种结构定律. 智力测验（15）：79 ~103.

成就动机

使用问卷测量成就动机具有一定的优势，但评估成就动机的可靠性则依赖于对项目选择的合理性。关于成就动机概念的映射语句已在第六章里有了详细介绍。在管理者的成就动机研究中，提出了这样的假设：按照映射语句，可根据时间层面把成就动机的概念空间分成三个区域。也就是“任务前”（准备承担不确定任务或预计风险），处于第一个区域；“任务中”（准备面对困难和解决问题），处于第二个区域；“任务后”（实现个人责任和满足需要），处于第三个区域。此外，这三个区域是呈线性排列的，即划分出的这三个区域是平行的。

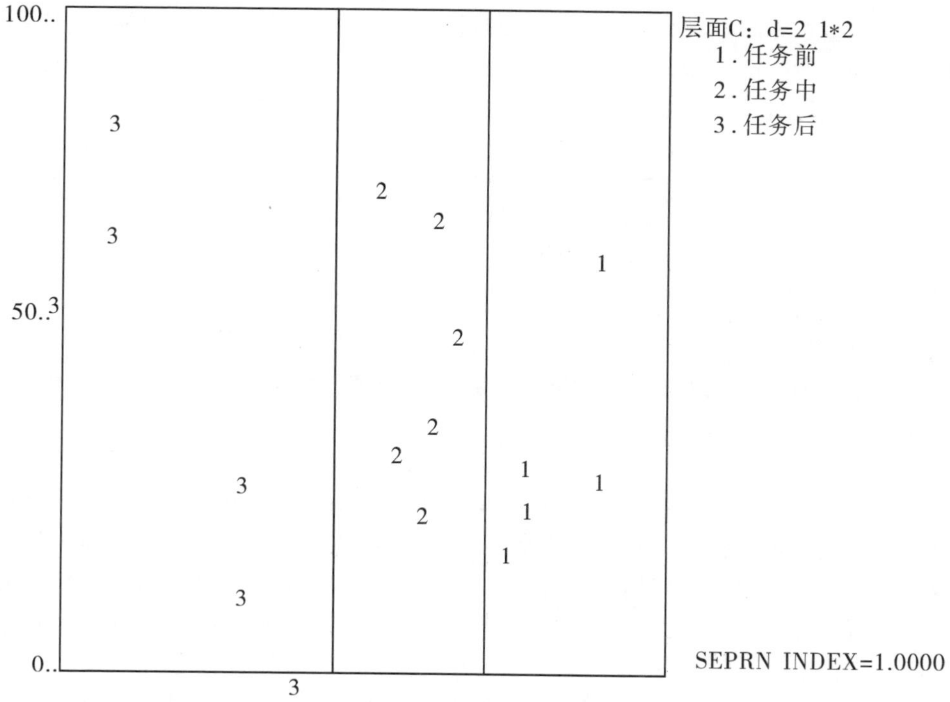

图 7.5　成就动机在时间层面的区域假设：FSSA 概念空间划分的映射

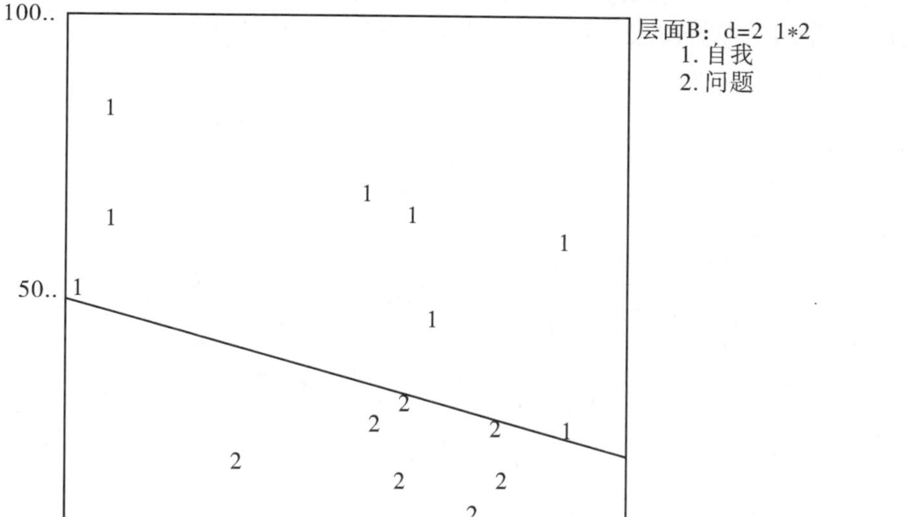

图 7.6　成就动机中面对类型层面的区域假设：FSSA 概念空间划分的映射

假设的基本原理：在完成一项任务的过程中，时间非常重要，因为它能够影响成就动机概念的内部结构。这种划分依赖于动态的、渐进的时间，而良好的时间知觉往往能够成就一个人。

面对的类型	时间层面		
	完成任务之前	完成任务中	完成任务之后
挑战性问题	不确定性	困难	责任
问题的解决	估计风险	解决问题	满足的需要

图 7.7　成就动机的结构：FSSA **两种分区重叠简图（图** 7.5 **和图** 7.6**）先验构想结构（与图** 6.1 **对比）**

这种假设已经被实证数据证实（Elizur，1986；Shye，1978），将 18 个成就动机项目得出的相关矩阵输入电脑，处理成二维的最小空间分析结果，称其为成就动机的概念空间。这样就能更好地区分提出的层面。根据时间层面分区的最小空间分析的结果呈现在图 7.5 中。无论是在理论建构，还是在实际测量中，这种分区都是很重要的。

在图 7.5 中呈现出的时间层面分区的结构被称为“单纯型”结构。这个结构呈现出线性次序，每一个区域包含一个层面中的所有项目。这样产生的“单纯型”结构层面称为轴线层面。在这个例子中，时间层面就是轴线层面。

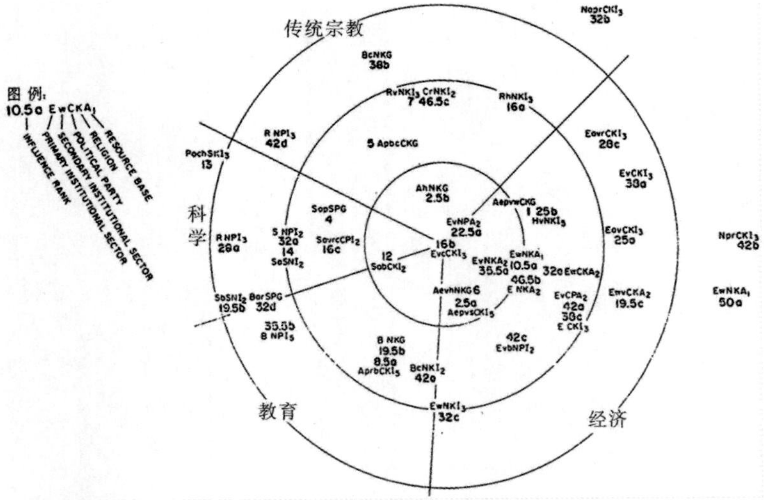

图 7.8　商业网　最小空间分析：二维的欧几里得计量结果，Guttman-Lingoes **异化系数为** -0.148

资料来源：Laumann，E. O. & Pappi，F. U.（1973）. 研究社会精英的新方向 . 美国社会调查（38）：212～230.

平行平面把 n 维空间划分成若干区域就形成了一个 n 维的"单纯型"模型。例如，在二维空间中，直线把平面划分成按次序排列的条纹。

第二种区域假设：成就动机概念空间被一条直线分成两个部分：一部分指被试在面对挑战（如不确定任务、面对困难、实现个人责任）时如何评价自己的表现；另一部分指被试面对竞赛过程中的问题（如对风险的考虑、问题解决能力、自我需要的实现情况）时，如何评价自己的表现。这种假设的基本原理是成就动机由两种形式的面对类型组成。第一种面对类型是指被试在任务中愿意独立面对挑战；第二种面对类型是指被试面对专门的挑战性问题时，运用一定的技巧来解决。

这一假设已被实证数据证实。图 7.6 中的最小空间分析结果便是根据面对类型层面进行区域划分得出的。尽管这个层面仅仅是把空间分成两个区域，但由于这个分区线是一条直线，因此这个层面也是轴线层面。在"单纯型"结构中，分区是最基本的一个步骤。

如图 7.7 所示，用两种方式（即时间层面、面对类型层面）划分成就动机项目，分区具有重叠效果。由这两个"单纯型"结构并列组成的结构称为"复式结构"。

区域假设有何重要性？可以这样理解，一旦区域假设被证实，就会给概念的研究带来相对稳定的意义。更进一步说，区域假设不仅揭示概念的内部结构，而且对概念进行归因。最后，正如第七章将要提到的那样，区域假设与被试在测量过程中概念的归因密切相关。也就是说，在不了解概念内部成分的时候，与概念归因有关的科学测量（如成就动机、智力）是不能完成的。

最小空间分析在社会学理论中的运用

FSSA（SSA 所观察的区域连续形式）在验证社会学理论时非常有用，因为 SSA 提出的概念空间被视为是由无数项目数据组成的，用一套观察项目作为理论推导的出发点。可以认为，用 SSA 去验证科学理论具有创造性。

其中一个应用实例是由 Laumann & Pappi（1973）提出的。在这个例子中，研究者关注的是社会影响系统的结构分析，这部分内容最早由 Parsons 提出。在 Laumann & Pappi 的研究中，观察项目是选定城镇中变量的社会影响，代表其各自属于的社会部分。基于业务联系状况，相互影响的人之间的距离被定义成社会决定路径。得出职业距离矩阵的最小空间分析（见图 7.8），标示为"商业网"。

商业社会空间可被分为两个层面：在第一个层面中，根据离圆心距离的不同而形成了一组同心圆环，用这组同心圆环来区分影响力。观察这个网络中心的人与其他所有人的最短距离，便能对这个圆环层面作出解释。这个层面由模块角色扮演。在第二个层面中，把空间分为商业楔形区域，这些区域分别代表科学影响力、教育影响力、经济影响力和宗教影响力。楔形层面扮演极化角色（用夹角代表他们之间的区别）。这两个层面就构成了雷达模型。

生活质量和工作生活质量

根据观察领域定义生活质量（Shye，1976，1985，1989），人类生活质量的映射语句可表示如下：

	层面M 功能模式		层面F 功能子域		
人类个体 P 在	{1.表达 2.适应 3.互动 4.整合}	方面的能力，对	{1.人格的 2.身体的 3.社会的 4.文化的}	影响程度	{高 低}

在大多数研究中，功能子域层面用楔形表示。本例中，生活质量概念空间（QOL）根据人格的（心理的）、生理的（身体的）、社会的和文化的功能子域，被分成四个楔形。功能模式层面常用模块表示。在关于匈牙利工人的工作生活质量研究中（Elizur & Shye，1990），包含 16 个项目的雷达图如图 7.9 所示。

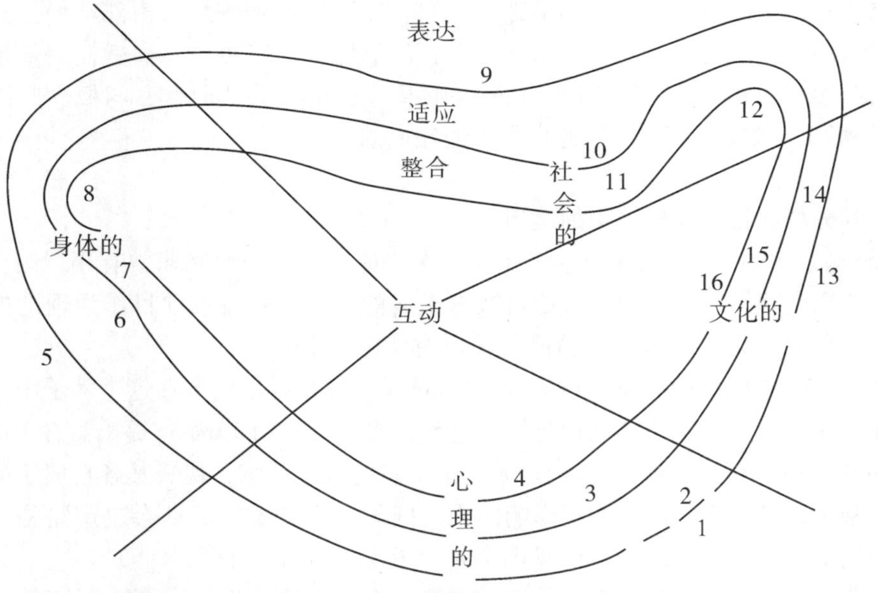

图 7.9　工作生活质量结构：二维的 SSAI，异化系数 =0.10

资料来源：Elizur. D. & S. Shye. 工作生活质量与生活质量关系．应用心理学：国际化调查（39）：275～291.

在同样的研究中，SSA 中的 16 种生活质量项目再次用于工作生活质量项目中（QWL）。这个模型是一个圆锥形结构（见图 7.10）。锥身包含的 QOL 项目越多，表明这些观察项目越是与工人个体的生活质量水平相关。锥底包含的 QWL 项目越少，表明这些观察项目越是与工人个体的工作生活质量水平相关。

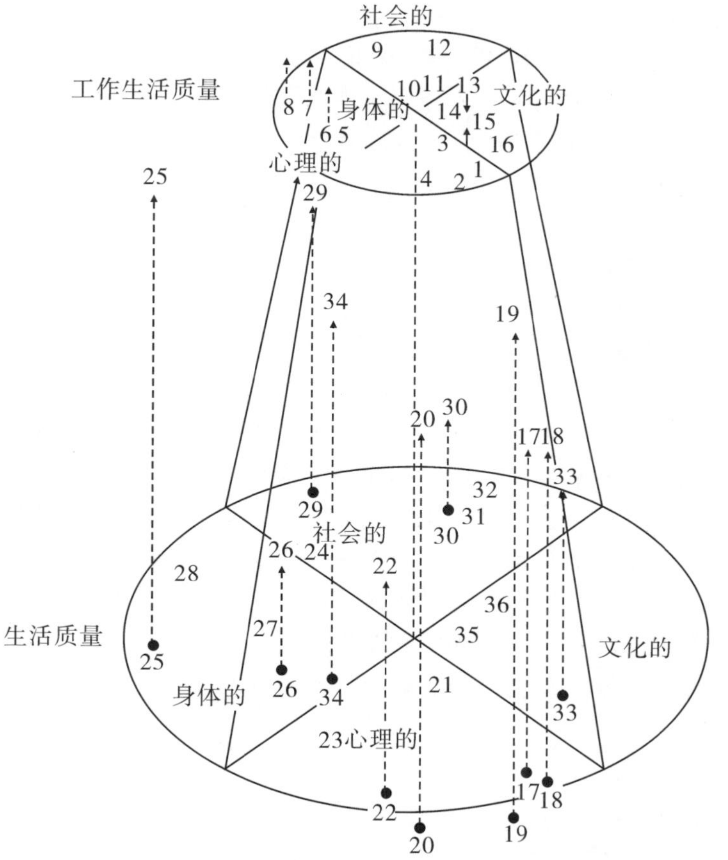

图 7.10　QOL 与 QWL 关系的圆锥结构：三维的 SSAI，异化系数 =0.14

资料来源：Elizur，D. & S. Shye（1990）. 工作生活质量与生活质量关系 . 应用心理学：国际化调查（39）：275 ~291.

7.4　探索性 SSA 和验证性 SSA

在解释区域连续形式时，SSA 的多元数据在理论建构和尺度分析中都发挥着重要作用。可根据空间划分来描述区域连续形式。例如，通过一系列平行的超平面（如二维空间中为一系列直线，三维空间中为一系列平面等）对空间进行分区，导致项目子集呈线性排列。由于每个项目的子集代表一个内容子域，这样的线性分区（称之为“单纯型”模型）表明了子域之间及子域的概念结构之间是呈线性排列的。这些概念结构常构成内容层面的元素。

当然，在划分区域的时候，可能还存在其他形式。在这里仅介绍三种：轴线形式、极化形式和模块形式。在多维空间中，这些形式是最简单且可能是最重要的形式。(对区域划分的理解，Shye，1978，第十六章)

认识到概念空间的分区在探索性 SSA 和验证性 SSA 中都是很重要的。为了获得一些内容域的信息，探索性 SSA 常被用于新领域的研究中。在这种情况下，划分的区域与占据在区域中的项目匹配就可能被揭示出来。在概念空间的结构中，这种划分为定义内容层面奠定了基础。

问题：在 SSA 概念空间中，如果层面中的元素被假设是符合线性排列的平行区域，那么将这个层面命名为什么？

回答：轴线层面。

另一种空间划分是由同心圆形式来完成的（在三维图形中，通常情况下是一个同心的球体，即一个同心球面）。这种形式将这些空间中的特殊点称为“原点”，这个原点就是所有圆环的中心（球心）。这种分区形式呈线性次序，每一个分区是一个项目子集，即一个内容子域。与“单纯型”模型相比，它有一个起始子域，即与原点距离最近的那个子域。但是，连续的子域是逐渐增大的，并且每一个子域都包含前一个子域。假设内容层面的元素与这些同心子域相对应，也就是说，在实证性 SSA 中，对项目的划分是这样的，层面的第一个元素包含在内圆中，层面的第二个元素则包含在围绕内圆的一个圆环中，以此类推。

问题：如果层面中的元素被假设是符合线性排列的中心圆环，那么将这个层面命名为什么？

回答：模块层面。

一个给定内容层面中的元素，对应于概念空间中的楔形区域。也就是说，所有项目包含在某个楔形区域内。

问题：如果层面中的元素被假设是符合楔形排列的，那么将这个层面命名为什么？

回答：极化层面。

在验证性 SSA 中，需检验概念的结构假设。这在预先建构好内容层面以前更容易完成。对于一个特定的内容层面，检验假设的目的是为了回答以下问题：层面元素对应的概念结构是否与实证获得的情况一致？如果是这样，这些结构或者说呈现出的次序与假设吻合。

SSA 对区域连续性的检验回答了第一个问题，即概念空间能够被划分得越清楚，就越容易找出每一个观察项目属于哪些或哪个层面。在验证性 SSA 中，通过评估所观察到的区域之间的空间方向接近度来回答了第二个问题。

多年以来，检验假设是靠主观检验 SSA 图形和手工画线来完成的。目前，一个更加系统的程序已被开发出来做验证性 SSA，即 FSSA（Shye，1991）。它的功能将在下面描述中提到，被称为“层面分区索引”（facet separation index），用来评估项目在 SSA 图中的映射情况，并确定它们的映射角色：轴线、模块或极化。

7.5 怎样进行 SSA 分析

层面理论的一个基本原则是：要同时考虑理论性和技术性。因此，基于理论和问题量化的目的，执行 SSA 就需要将一些技术提示类的参考信息与理论相结合。

前面已经提到，执行 SSA 需要借助于一些相应的计算机程序。目前，无论是在商业领域还是在某些学术中心，能够满足 SSA 分析要求的计算机程序都有很多。近年来，各种数据分析软件包也将这一程序设计包含在内。在这里引用一个具体程序——FSSA 来说明 SSA 的用法。FSSA 是以色列格特曼社会应用研究中心开发的一种个人电脑应用软件。相比以前的 SSA 程序，这种程序的优点在于：它可以检验有关层面角色类型的假设（验证性 SSA）。

下面，介绍使用这一程序的三个步骤：第一步，在目标人群中收集数据，并获得一个系数矩阵，假设其为相似性矩阵；第二步，由系数矩阵获得 SSA 散点图和相对应的层面图；第三步，检验事先假设的内容层面与分区形式（模块、极化、轴线）的拟合情况。分离系数为检验层面与分区形式的拟合程度提供了一个较科学的依据和标准。

7.6 基于理论和问题量化的目的，处理多元数据时 SSA 的执行步骤

假设通过实验或测量获得了一些实证数据，将其排列为一个矩阵。每一行代表同一被试在各个项目上的得分，而每列代表各被试在同一变量上的得分。

步骤一：

确定数据文件中每一个项目的属性。这种属性可能是具体或抽象的，但每一个项目都必须属于这种属性或不属于这种属性。属于这种属性的所有项目有一个共同范围。也就是说，每个项目的反应范围都必须具有相似的排列方式——由高到低。例如，假设被试为几家航空公司，调查其大体规模。这个一般性概念（大体规模）包括一些项目，如客流量、员工数量、年度航行总距离及潜在客户对于这些公司形象的态度变量，这些项目都应该具有共同范围。

在操作上，最重要的步骤是要确保所要处理的变量都有一个数值。高数值表明其具有高的属性（或低数值代表高的属性）。如果这些项目不具有这种情况，那么就应重新编码使其符合这种准则。将所有项目分为几类，可以不同，但至少要有两个（依据原始数据，而不是人为划分的）。当然，任一代表缺失信息的类别，或是

不符合反应范围排序的类别，都可以从分析中除去。例如，可以将其编码为“缺失值”。

在 SSA 数据准备阶段，所有的项目反应范围都必须是数字型的且根据属性概念统一由高到低（或由积极到消极）排序。

步骤二：

选择系数类型对变量间的数据进行处理。在 FSSA 中，可选择皮尔逊相关和单调性系数对变量进行处理。在程序中，“辅助屏幕”描述了两种系数类型的不同之处。所有的 SSA 程序都可以从事先给出的一个相似性矩阵开始分析。因此，经过其他数据处理程序或方法计算获得的矩阵也可以用于分析。

步骤三：

在确定所要分析变量间的数据系数类型之后，下一步就是选择 SSA 结果的维度。选择不同的维度将会获得相应不同的结果。这可以通过输入所需的最小和最大维度来实现。FSSA 可以获得十个维度的分析结果，但一般都是先作二维或三维的分析。运行程序获得的三维分析结果是三个两维空间投影：一个正面、一个侧面和一个上面。同样，更多维的情况则表示一系列的二维空间投影。如果是 m 维，则直角投影的数目就是：$m(m-1)/2$。

怎样确定 SSA 的维度

在确定维度以后，SSA 会尽可能地在几何意义上获得关于项目的最好投射。也就是说，两个项目之间越相似，则其对应点的距离越相近。小的维度在映射过程中不能获得很好的拟合。当然，这种表征不一定必须与概念空间中项目间的关系完全一致，尤其是针对实证性数据。

异化系数（coefficient of alienation）可用来表示实际情况与理想拟合情况下的差异（Guttman，1968）。异化系数的值在 0 ~ 1 之间。0 表示在空间图和输入的相似性数据之间完美拟合。当然，随着维度增加，异化系数不会增加，而是在大多数情况下会降低。实际上，当异化系数过大时（如大于 0.20，甚至大于 0.25），人们习惯通过增加维度来降低异化系数。

但是已有研究发现，这种程序缺乏技术和理论支持。从技术上讲，异化系数对项目数量过于敏感。例如，当有 15 个项目而异化系数为 0.20 时，这种处理结果是不能令人满意的；但当项目数量为 40 时，该结果就可认为是相当满意的了。此外，异化系数还对极端（远距离）数据过于敏感，极端数据的存在使异化系数增大，所以可以通过删除极端数据降低异化系数。

基于这些原因，仅从技术性角度来看，异化系数的大小也不能如实反映处理方案的价值。因此，一种可推荐的程序是：增加维度，直到 m 维的解决方案。此时，就在某些投射面上，所有的点只聚集在空间图的一半。也就是说，至少有一个轴线没有通过投射而被完全用到。这时，$m-1$ 维的处理方案就是最好的。但无论在什么情况下，只要项目的数量不够多，多维度也不能保证好的拟合程度。

要确定合适的维度，更重要的是在理论方面的考虑。在一个二维空间中，如果区域邻近性类型与事先假设的内容层面能够很好地拟合，而且证据充足的话，这就达到了理论建构的目的。在这种情况下，异化系数已经没有了理论意义，它反映的只是为了发现最重要的原理，消除内容变动的偶然性和其他干扰因素的程度。

基于理论建构和测量的目的，SSA 解决方案的意义需要通过它与所假设的区域邻近类型的一致性来检验。为此开发了一种评定一致性的系数，并将其引入较新版本的 FSSA 中。这个问题将在后面的内容中详尽介绍。

步骤四：

根据内容层面将项目进行分类。只有验证性 SSA 必须要求这一步，而在其他情况下这一步是选择性的（可选可不选）。对于每一个内容层面，可根据项目所属的已确定的层面元素得出一种分类。在最新版本的 FSSA 中，你可对预先假设的层面角色类型加以说明（比如说为轴线角色）。这时，程序就会产生一个与假设的层面角色类型最匹配的分割图，还会给出分离系数，分离系数会告诉你分割图的类型与所假设的层面角色类型之间的一致性程度。如果选择根据内容层面进行项目分类，那么 FSSA 就会显示每一层面的空间散点图。

7.7 SSA 的结果解释

SSA 的输出结果可直接打印，也可编辑成文件供以后浏览和打印。

步骤一

SSA 的输出结果以选择用户定制或程序默认的一些说明菜单开始。这对整个操作步骤的进行、选择选项都是有帮助的。需要特别指出的是，确定程序能够准确地读取系数矩阵是非常重要的。如果程序读取准确，系数矩阵就表示相似性数据（如相关）；如果系数表示的是一些距离或差异，那么就是差异性数据。

步骤二

接下来，SSA 输出的就是程序在投射项目时用到的系数矩阵。这个矩阵可以由用户直接提供或由程序根据原始数据来计算。这时需要注意的是：通过检查计算出的系数矩阵可以得知系数的大小，以及在特定情况（如统计相关）下是否会出现负相关。（这些特征在 SSA 的图表描述中不能显示出来，它只与这些系数的相对大小有关。）

步骤三

在以下的内容中，将呈现 SSA 的输出结果。先呈现的是最小维度的结果，随后依次是较多维度的结果。每一个结果都是由所有项目到相应维度的投射组成。首先呈现的是每个结果的代数表征，即每一个项目在图中的坐标值。然后，呈现的是每一个投影的空间图。在一个二维的分析结果中只需要一个空间图。需要关注空间图的表征意义。只有在空间图中找不到项目的时候才考虑其代数表征。这时就应该通过在合适的坐标中读取其值来找到它。如果在空间图中，有两个或更多的项目经过投射得到的点距离很近时，那么结果中就只显示一个点。

探索性 SSA 与验证性 SSA

什么是探索性 SSA？探索性 SSA 是迄今为止应用最为广泛的程序。原因有二：一是在新的应用领域内欠缺区域假设经验；二是缺乏区域假设检验程序。近年来，几个版本的 FSSA 对第二种原因进行了部分的补充。

在做探索性 SSA 时，首先是在空间图中找出与项目相对应的点。研究者常常发现在空间图中已确定点的周围简略标注项目名称是很有帮助的。其次是检查该图，以发现项目内容和它们坐标之间的一致性。这是一个重要的认识发现过程，研究者需要不断推测、检查、修改和概括，以便在项目内容的几个方面与图中点的位置之间找出一种合理的，且有说服力的对应关系。例如，项目是有关态度的问题，研究者可能会发现在图中的某个区域包含了代表被试情感的项目，另一个区域则包含了代表被试认知或评估的项目，第三个区域则包含了代表被试外显行为的项目。

空间的分区与行为模块层面的元素相对应，这些元素分别是情感、认知和工具。确定与层面相符的区域分割类型（角色类型），如轴线、极化或模块，这对假设的概括是有益的。但有时，如果项目数量不够大，即使层面区域能够区分出来，层面的角色类型也是不能确定的。如图 7.11 至图 7.13，描述了一个关于态度项目的假设的 SSA。

从图 7.11 可清楚地看到被区分的区域，每一个区域代表一种项目分类（情感、认知、行为）。这说明三种行为模块都是非常重要的，并且是建立在实证研究基础上的概念。但根据连续性原则，图中的点应该是一一对应观察得到的项目。从特定的实验或调查所获得的项目样本中，只能说明该样本项目的区域临近性，而且在研究概念的所有项目中可能存在着差异。在这一例子中，根据这种分布可以得出什么结论呢？也就是说，根据当前数据及其 SSA，这种行为模块层面扮演的是什么角色类型呢？

图 7.12 的区域划分与行为层面所扮演的轴线角色是一致的。平行线将 SSA 的分析图分为几个部分，每一个部分表示一类研究项目。由此可知，在所研究的内容领域内，行为层面可能扮演的是轴线角色。

图 7.11　态度的 SSA 分析图

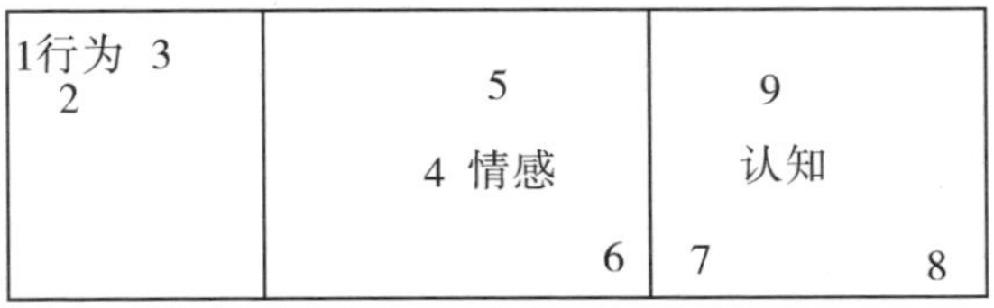

图 7.12　态度的 SSA 分析图

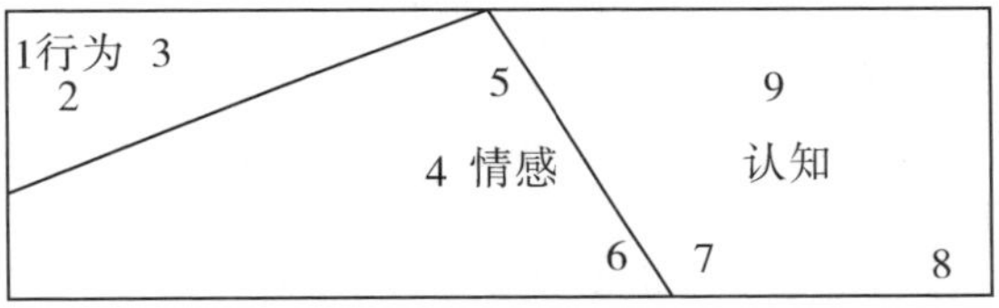

图 7.13　态度的 SSA 分析图

但在图7.13 中，相同的SSA 分析图被极线划分为三个部分，每一个部分表示一个行为模块的项目分类。因此这与层面扮演极化角色也是一致的。那么在这个例子中就需要更多的证据来证明：行为模块层面究竟扮演的是轴线角色，还是极化角色。在所有的实证科学中要验证这样的推论，通常就是通过增加更多的项目重复试验或测量。可借用这个例子来说明层面理论中 SSA 用途的一个重要特征。

区域性不同于聚类

在图 7.13 中，一方面，项目 8 和项目 9 的距离相对较远（弱相关），但被划分到了同一区域。实际上，这是在考虑层面分析内容因素上的假设，并且数据的 SSA 也支持这种情况。另一方面，项目 6 和项目 7 的距离很近（强相关），但是基于层面分析因素的考虑，也可假定它们被分到了两个区域。这种数据情况事实上是连续性原则的自然结果。但从本质上说，它与聚类分析的解释还是不同的。

从这一例子中可总结出的另一个经验是：为了能够使 SSA 运行一次就获得更多的信息，在映射定义的范围内，实验观察或分析项目的差异性应该是越大越好。项目范围越宽，则在解释内容领域的区域性时就会越清楚。尽管项目的差异性和项目的多重性是不同的概念，但如果事先不知道层面的结构，SSA 中采取大样本的方法将是一个较为理想的选择。

通过研究 SSA 获得的空间图，可再试图增加层面。在探索性 SSA 中，可通过手工绘制分割线试图将已验证的分割图类型（如常用的单纯型、同心圆或椭圆，通用的系统型或其他特殊类型）与一些定义较好的项目内容层面进行匹配。

验证性 SSA

在验证性 SSA 中，研究者需验证一个已确定的区域性假设。在这种情况下，一个或几个内容层面事先已确定，并且为每一个内容层面假设一种角色类型。具体来讲，这种假设类型可能是顺序性的、线性的或圆环的。在阐明验证性 SSA 时，层面空间图是非常有用的。由 SSA 的结果得出了层面空间图，在其中用层面元素名代替项目的编号，并呈现出来。层面空间图使验证区域性假设变得更加容易，即简单画出假设区域的分割线，使每一部分包含属于一个层面元素的所有项目。当原假设未被证实时，可用层面空间图来探索层面元素的区域邻近形式。

分割线不规则且弯曲的部分验证性区域假设的意义是什么呢？直到现在这个问题还困扰着研究者。在这种情况下，研究者不仅需要将相对不规则的程度考虑在内，还必须参考评价先前相同试验的原则。有一种方法是先画出与区域假设严格一致的分割线，然后再根据所假设的区域邻近性类型来评估项目偏离这种分割的程度。这种方法在近来的 FSSA 版本中已不再使用，分割线由程序直接获得，层面分割指标也直接由程序估计得出。

关于投影图的解释

三维或更多维的 SSA 结果是由一系列的二维投射来呈现的。这些二维投射与前面介绍的二维 SSA 结果相似。但与前面不同的是，应该注意每一条“分割线”都是一个超曲面（hypersurface），即三维结果中的二维曲面，四维结果中的三维曲面，依以此推。有时仅仅使用一系列二维垂直投射并不能完全表达多维度 SSA 的分析结果，还需要一些更复杂的空间分析。相反，更为简单的可能是将内容区域划分为几个子区域（如在特定的内容层面上调整题目选项）来单独地进行分析。

步骤四

当发现探索性 SSA 和验证性 SSA 中关于层面中不同的角色类型之后，这就为后面对映射语句进行总结提供了帮助。尽管这些映射语句要比原始观察设计中所用到的要抽象一些，但是它们确实是集中了研究概念中更加重要、与理论联系更为密切的某些方面（Shye，1970）。

7.8 结论

通过将研究的概念具体化，FSSA 提供了观察数据结构的新方法，而且这种方法是其他数据分析程序做不到的，如聚类分析和因素分析。FSSA 更符合真实情况，在行为研究中非常流行，尽管它只是一系列全部变量的有限样本，却涵盖了整个概念空间。

在已获得的观察变量基础上，FSSA 可通过将空间分割为内容区域来构建研究概念，如单纯型的、圆环型的、复式的、雷达型的、圆柱型的等。

在产生的“区域假设”内容空间中，内容层面和区域的一致性可通过 FSSA 程序来检验。FSSA 内容层面与被试分数组的测量空间在数学方面是联系在一起的。下一章（第八章）的题目将是对观察被试的测量。

练习 7.1

下图是 4 个项目之间的相关矩阵（A，B，C，D），从不断地尝试，不断地错误中发现一个符合单调映射理论的二维图形：

	A	B	C	D
A	—			
B	.00	—		
C	.30	.40	—	
D	.60	.20	.50	—

提示：用两个石头，标为 A 和 B，把它们的距离隔得稍远一些来代表（.00）的相关，把 C 石头放在离 B 比离 A 远的地方。最后，把 D 放到空间中使它的距离符合矩阵。

随着项目的增多，把项目投射到几何图形中的复杂性也会越来越大。因为随着项目的增多，配对的数目（距离的数目）也随之增加：

题目数量	配对数量
2	1
3	3
4	6
5	10
6	15
10	45
20	190
50	1225
n	$n(n-1)/2$

当项目的数量超过5个或6个时，用手工画图就变得不容易了。这是因为随着项目的增加，就需要更高的维度了。例如，一个含5个项目的相似矩阵可能需要3个维度来正确表达（就是说要表达10个配对相似系数）。一般来说，如果n代表项目，当数据之间联系不够密切进，维度数达到$n-2$才能完美拟合数据，所以需要特殊的计算机软件来做SSA。

这些软件中用来做SSA的有SSA－I（Guttman，1986，1973）和FACETED SSA（FSSA；Shye，1991）。FSSA也可以通过给定层面来对空间进行划分。

如果实证数据中有“噪音”存在，电脑程序就将得不到一个完美的图。给定一个维度，SSA寻找一个能较好地代表给定内部相似性的一个分布点图。用异化系数（the coefficient of alienation）来代表这种拟合程度（Guttman，1968）。异化系数的范围是从0（完美的拟合）到1（最差的拟合）。

练习7.2

（1）选择或收集数据，确定有共同范围的项目的数量（如15～50）。所选项目的共同范围是指“研究概念”或属性。

（2）根据一个内容标准来确定一个层面，为层面A。

（3）可能的话，再确定一个层面B，为你的项目写出一个映射语句。

（4）你能为层面A和层面B提出一个区域假设吗？写出一个区域假设的基本原理（如果层面的元素是有顺序的，那么就可能假设为极化角色或轴线角色）。

（5）运行一个二维的FSSA来检验你的区域性假设。

（6）尝试改变一种分割区域的方式。

（7）写出一个新的映射语句，其中的层面都是先前经过实证检验的。将它与原来的映射语句进行比较。

（8）这部分主要介绍的是调查研究的概念及其组成。根据本章内容，讨论你所得出的结论。本章是否对你讨论的问题有所启发？是否介绍了一种在此学科中完全不同的观点？

第八章　行为测量：通过 POSAC/LSA 程序进行多元尺度分析

在科学研究领域，FSSA 可以根据概念的组成成分和它们之间的空间关系揭示概念的结构，但概念结构探索清楚的时候往往并不是任务的终结。接下来还要根据概念的结构（即正式的量表）测量被试，以达到比较不同被试的目的。实际上，对测量来说，了解概念的结构是非常重要的。杰出的心理测量学家 Thurstone（1974）曾这样写道：

行为数据分析的主要目的是发现主要特征、因子及个体间的本质差异。测验被试的目的不是为了了解个别被试的一些情况，而是为了发现这些被试背后差异的潜在因子。

层面理论强调，行为数据分析的主要目的能够通过 FSSA 很好地实现。但 Thurstone 也承认：

最终的目的是能够依据每一个因子对个体进行估计。

换言之，行为数据分析的实际目的是依据概念的结构测量被试。通过多元尺度的方式能够实现这一目的（Shye，1985a）。

在第七章的 SSA 程序中，通过对被试分数的分析能获得统计指标（一般用相关系数）。SSA 程序产生一些可以用来作为相似性指标的系数，再用这些系数来确定概念的属性和结构，然后在抓住概念的属性和结构之后，就可以对每一个个体进行估计。

例如，怎么评价个体的智力呢？用属于智力概念结构的题目来估计智力（见第七章的定义），考虑下列问题：

36 的平方根是多少？（答案可能是 -6）

怎样才能到卡内基音乐厅？

通过对这些问题答案计分，可以评估个体的智力。就像原来注意的那样，因为智力的内容领域包含了无穷的项目，每个个体看起来也有无数多种智力。在某种意义上，每个个体确实有无数种智力。如果要测量无数种智力，那么测量智力的前景是灰暗的，因为获得个体在无限题目上的所有分数是不可能的，更不要说比较那些分数了。幸运的是，智力项目模型（即映射语句）的引进使得没有必要获得个体在无数项目上的分数，用有限项目上的得分就足够了。

研究智力项目得分的一种方式是使用项目。这种方式通过划分概念空间区域来达到分析潜在结构的目的（这一点在第七章中已进行了解释和阐明）。研究智力项目得分的另外一种方式集中在被试上，是通过多尺度（multiple scaling）方式实现，这一点是本章要介绍的内容。这两种方式在心理测量方面是相互补充的。前者主要用来探索概念的结构，后者主要用来了解和比较每个被试。在研究行为概念（如智力、态度、成就动机等）时，没有必要穷尽所有的得分，当然，如果只用一个项目得分来分析概念结构是不够的。项目的多少取决于概念属性的复杂程度。

现在，通过介绍基于坐标的部分顺序量图分析（POSAC）来对多维尺度作出一个基本的解释。

通过 POSAC 实现的多维尺度分析是一种通过分析顺序数据且根据概念的多维属性来实现测量个体的一种数据分析技术。

8.1 尺度在数据分析中的含义

假设现在有一个样本，想通过参照已经探索清楚的概念结构（一般用 FSSA 探索）对其进行测量，如社交能力。[在内部数据的分析中，人们根据尺度上有序的参照标准来对个体进行比较（牛津词典）]。就像大多数的行为概念一样，社交能力是一个多维的属性。需要多个能很好地代表这个概念的变量（项目）去测量社交能力。假设在 FSSA 的帮助之下，就像第七章所描绘的那样，选择四个可代表社交能力的项目。

练习：请编制四个测量社交能力的观察项目。

答案：因为这个练习的答案依赖于所采用的社交能力的定义（定义是任意的），对于这个练习不能够给出一个唯一的答案。首先，采用以下社交能力的映射定义：

如果一个项目的内容是询问一个人与他人关系的信息，且选项从正的最高到负的最高（评价的是这个人与它们的关系），那么说这个项目属于社交能力这个概念。

通过这种定义，下面这些题都可以作为社交能力项目：

项目 1：在工作中，你和一些人有比较好的关系吗？{1 = 是，0 = 不是}

项目 2：在非正式场合，你喜欢和陌生人见面吗？{1 = 是，0 = 不是}

项目 3：你有多少个亲密的朋友？{0，1，2，3，…}

项目 4：对你来说，倾听周围人的想法和感觉是很重要的吗？{3 = 重要，2 = 稍微重要，1 = 不重要}

需要注意的是，在每个项目的反应范围内，可通过数字对分类进行排列，即低分数表示低社交能力，高分数表示高社交能力。用这四个项目代表社交能力这个概念，并对这些项目进行实证调查。所得到的观察结果可能看起来会像表 8.1 呈现的那样。

在这个样本中，第一个人的社交能力得分位于第一横行：在工作中，他和别人没有好的人际关系（得分0）；在正式场合，他喜欢和别人见面（得分1）；他有两个亲密的朋友（得分2）；并且认为听周围人的想法和感觉是稍微重要的（得分2）。所以，第一个人的社交能力的分数组（profile）可以表示为0，1，2，2。一般情况下，在下面表格中的每一个横行，都是被试的分数组。

表8.1　7个社交能力分数组

	项目1：在工作中有好的人际关系	项目2：喜欢见面	项目3：亲密的朋友	项目4：倾听很重要
第1个人	0	1	2	2
第2个人	1	0	0	3
第3个人	1	1	1	3
第4个人	0	1	0	1
第5个人	1	0	8	3
第6个人	0	0	0	1
第7个人	1	1	9	3

第6个人的分数组在清单中是得分最低的分数组。实际上，这是最不可能的分数组。因为在每一个社交能力项目中，第6个人的得分是最不可能出现的。相反，第7个人在所有人中得分最高。问题是在上述的估计中，谁的社交能力最高？是第2个还是第3个人呢？用符号表示，答案可以表达为：

$$P_3 \underset{\text{社交能力}}{>} P_2$$

可以理解为P_3在社交能力上优于P_2。一般情况下，如果所有的项目都有一个共同反应范围，即通过社交能力进行相同的排序（或者是根据其他已经定义的属性），大数值表示该特质有比较高的水平，也可以写为1113 > 1003，可以读成1113比1003大。同样，也可以写成1003 < 1113，读作1003小于1113。

给定两个不同的分数组，只有当其中一个分数组的每一个分数都比另外一个分数组的分数大或只在一个或几个项目上前者的得分大，且在其他项目上分数相等才能判定该分数组大于另外一个分数组。否则，这两个分数组不能够进行比较。

问题：第4个人和第5个人相比较，谁的社交能力更高一些？

回答：虽然第5个人在三个社交能力项目上得分都超过第4个人，并且仅仅在一个项目得分上被第4个人超过，但不能说第5个人比第4个人更具有社交能力，更不能说第4个人比第5个人更具有社交能力。这两个人在社交能力方面上是不能够进行比较的。人们之间不能够进行的比较关系可以用符号 $ 来表示。例如：

$$P_4 \quad \$ \quad P_5$$

社交能力

这个公式可以读作：在社交能力方面，P_4 和 P_5 不能比较。一般情况下，0101 $ 1083 可读成 0101 和 1083 不能相比较。

评价被试不能比较的观点是内部数据分析的一个核心问题。在这部分，每一个项目可能仅仅代表全部概念中的一个方面。因此，在一般情况下，不能假设一个项目可代表另外一个项目，或者对另外一个项目进行弥补。这里的数据表明，喜欢在正式场合和别人见面的程度上，第 4 个人高于第 5 个人。所以，虽然第 5 个人在社交能力的其他方面都超过了第 4 个人，但在全部的社交能力方面，却不能认为第 4 个人低于第 5 个人。也就是说，由于在各个项目上的得分不是等距的，所以不能相加。

在内部数据分析中，避免对项目赋予权重（有些人认为，给项目赋予权重后，各个项目得分就有了相同单位，于是就可以把各项目得分加起来得到总分），因为项目得分单位相等或其他一些通过赋予权重使得各项目得分得到相同单位的假设往往是不客观的。从下面可以看出，不用这种假设便可以进行测量。

只有当项目选项的排序方式是一样的，分数组的可比性和不可比性才有意义。

分数组的大小关系是可以传递的。也就是说，如果分数组 A 比分数组 B 大，并且分数组 B 比分数组 C 大，那么，A 是比 C 大的，用符号表示为 $A > B > C$。

在表 8.1 中的分数组中，可以发现几个可进行比较的分数组。例如，被试 2、3、6、7 的分数组可以表示为：

$$0001 < 1003 < 1113 < 1193$$

0001
|
1003
|
1113
|
1193

图 8.1　四种能相互比较社交能力分数组的 Hasse 图

这些分数组的内在关系也能够用著名的 Hasse 图来表示［Hasse 图是部分顺序关系（数学上称偏序关系）图的一种简明而有效的表示］。参考图 8.1，此处在分数组之间方向朝下的线表示比较关系。在图 8.1 中，每条线的低端指向一个大的分数组。

Hasse 图能够描述可比关系，也能描述不可比关系。例如，考虑被试 2、3、4、6 的分数组。它们的比较和非比较关系可以如下表述：

$$0001 > 0101 > 1113$$

$$0001 > 1003 > 1113$$

$$0101 \ \$ \ 1003$$

图 8.2 明确地表示出了上述的相互关系。在这个 Hasse 图中，方向朝下的线（甚至对角线）表示了分数组直接的可比关系，此时线的低端指向了较大的分数组。需要注意的是，0101 和 1003 的分数组之间没有相同的方向朝下的线连接（从图中可以看出，0101 和 1003 之间有两条路线可以连接，其中有一条是通过 0001，0101 到 0001 的线方向朝上，而 0001 到 1003 之间的线方向朝下，所以从 0101 到 1003 的这条路线之间的连接的朝向不同，同理可得第二条路线的情况），表示这两个分数组之间是不能够进行比较的。

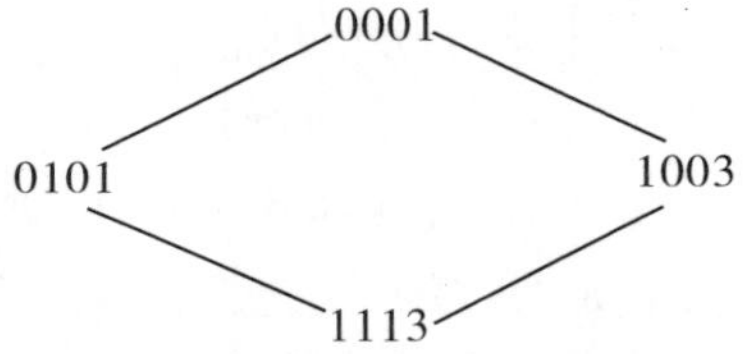

图 8.2　四种社交能力分数组的 Hasse 图

练习：画出关于社交能力的 7 个分数组的 Hasse 图，要保证所有分数组的可比和不可比关系。（答案参见图 8.3）

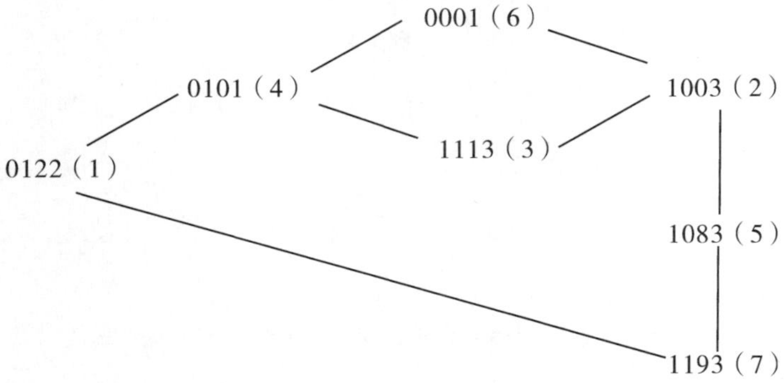

图 8.3　表 8.1 中的七种社交能力分数组的 Hasse 图

8.2 社交能力分数组：从设计到调查

上述社交能力测量的设计可以允许大量的分数组存在。即使人工限定项目 3（亲密朋友数目）的反应分类数目为 9（对有 9 个或更多亲密朋友的反应用 9 作为代码），实证观察的可能分数组数目将会是：$2\times2\times9\times3=108$ 。假设多次施测给大量被试，在这 108 个被试分数组中，只有一部分出现。某些被试分数组的缺失不是偶然的现象，而是反映了概念的本质情况。在这种情况下将会满怀兴趣地研究分数组集合并判断分数组是否具有现实可行性。

对于某些概念的内容范围（content universes）来说，在实际测量中，可能会发现实际存在的分数组都是可以进行相互比较的，也就是说，被观察的实际存在的分数组中每一对都具有可比性（图 8.1 展示了这样分数组的一个例子）。如果重复这个例子，分数组集合就会形成一个格特曼量表。在内部数据分析中，不能人为地制造一个格特曼量表，但可以假设特定概念结构的一个格特曼尺度。如果这个量表假设得到论证，那么该测量的重要含义如下：可以使用一个单一分数测量属性的水平（如社交能力），并且每两个被试也可以进行比较。其中一个比另外一个大，或者如果他们的分数组相同，那么他们就相等。例如，用下列题目调查居民家中的电器设备情况（例子来源于 Shye，1985）：

V1：你家有收音机吗？　{没有 =1，有 =2}

V2：你家有彩电吗？　{没有 =1，有 =2}

V3：你家有录音机吗？　{没有 =1，有 =2}

V4：你家有录像机吗？　{没有 =1，有 =2}

根据对声音和视频电器设备的拥有情况，这四个项目有一个共同意义范围。此时回答选项 2 表示居民家中有该种电器设备，选项 1 表示这个居民家中没有该种电器设备。

表 8.2　视听电器设备的假设存在元素集

	项目 1：收音机	项目 2：电视	项目 3：录音机	项目 4：录像机	分配的分数
分数组 1	1	1	1	1	1
分数组 2	2	1	1	1	2
分数组 3	2	2	1	1	3
分数组 4	2	2	2	1	4
分数组 5	2	2	2	2	5

虽然通过观察设计能够形成 $2\times2\times2\times2=16$ 个分数组，但在实际中仅能观察到的分数组是理想分数组的子集。在这里，做一个假设：如果居民家有录像机，那么也可能有录音机、电视机和收音机——同样也会有可以利用照相机的电器设备，而且它们更加简单，且比照相机更容易拥有。如果居民家有录音机，那么可能（或不可能）有录像机，但也有可能会有彩电或收音机。如果居民家有彩电，也许它会有收音机。通过这种假设，所有观察分数组都具有可比性。当然，任何居民家都可以有相同的分数组。

为了更好地表现分数组的关系，一个分数可以从排序中提取出来，在能够充分复制出原始分数组的所有比较关系的情况下，通过一对一的方式分布给被观察的分数组。例如，可以给分数组 1111 分配一个分数 1，给分数组 1112 分配分数 2，将表 8.2 中的所有分数组都进行如此分配。通过分配分数 4 比 3 大的关系可以体现分数组 2221 比 2211 大的关系。

格特曼量表的特征在于所有的选项是逐步递进的。就像上述例子，选择了彩电就会选收音机，选择了录音机就会选彩电和收音机。从上例可看出，所有分数组都可以排序（即可以比较）。这些情况是很少遇到的，因为对分数组的限制太苛刻了。在更多的情况下，不可比较的关系经常出现。这时就需要两个或更多的分数来表示这种比较和非比较关系。这种用多个分数表示被试作答情况的测量技术被称为“多维尺度”，这可以通过下面将要介绍的部分顺序量图分析实现。

8.3 部分顺序量图

用一个非常简单的例子对部分顺序量图分析进行一个系统的介绍。这个例子来自于一个高通货膨胀的经济状况下对顾客行为的研究（Friedman & Shye，1985）。此案例以行为冲突为特征，一方面，因为害怕价格日益增长和货币贬值，所以会尽可能早地去购买商品。另一方面，频繁的价格上升将会导致商店之间的价格比原来的差异更大。这种现象促使顾客四处询问价格，并且在购买任何东西之前都比较差价。在一个给定的时间里，快速购买和费时寻找最低价格的这两种行为看起来非常矛盾。但在顾客通货膨胀行为的内容范围上，它们却有相同性。

定义框架

根据上述提到的顾客行为去调查这种矛盾行为。使用有 6 个项目的问卷，对以色列 4 个城市中心的 600 位居民进行调查，回答关于通货膨胀行为的 6 个问题。这 6 个项目可以按照图示以两个层面的映射语句框架形式呈现，具体如下：

在通货膨胀情况下，关于顾客积极应对行为的一个映射语句，即通货膨胀状态刺激顾客（X）的购买力。

内容层面A：货物的类型	内容层面B：顾客行为的类型		反应层面	
{a_1：水果和蔬菜}	{b_1：快速的、害怕价格上升}		{高}	程度（通过参考层面B的适当元素）
{a_2：衣服和鞋}		→	到	
{a_3：耐用品（家具和电器设备）}	{b_2：在对比价格之后}		{低}	

通过从每一个内容层面（A 和 B）选择一个元素，就能获得一个项目的主要内容。内容层面 A（货物的类型）中有 3 个元素，层面 B（顾客行为的类型）有 2 个元素，这样就会产生现在调查的 3 ×2 =6 个项目。

应该注意，从映射语句中可推导出的 2 个项目：

1. 由于害怕价格上涨，你会匆忙购买衣服和鞋吗？{高程度 =1，低程度 =2}

2. 由于通货膨胀，在不同的商店里比较完价格之后，你会买衣服和鞋吗？{高程度 =1，低程度 =2}

这两个项目能够产生四种分数组：

分数组 11 表示顾客既会匆忙地购买，也会比较衣服和鞋的价格。

分数组 12 表示顾客会匆忙地购买，但不会比较衣服和鞋的价格。

分数组 21 表示顾客不会匆忙地购买，但会比较衣服和鞋的价格。

分数组 22 表示顾客既不会匆忙地购买，也不会比较衣服和鞋的价格。

要注意，根据这个例子的设计：

$$1 \quad > \quad 2$$

通货膨胀行为

图 8.4 简单地列举了这种基本情况中的 Hasse 图。在这些项目的实证观察中，这四个分数组的频数都是很大的。所以这两个项目结构上可以被认为是独立的（如果它们不是独立的，那么分数组 12 和 21 这两种情况的频数就会很小）；每一个项目表示通货膨胀行为领域内的一个不同子集范围，并且彼此之间不相关。在这种情况下（和上面讨论过的格特曼量表进行比较），一个被试的项目得分不能简单相加作为一个通货膨胀行为分数。特别需要指出的是，虽然 12 和 21 每一个分数组都位于最大值（11）和最小值（22）的分数组的中间位置，但如果给 12 和 21 都分配一个单一分数是行不通的。因为 12 和 21 不能比较。根据这些考虑，对顾客行为的测量需要两个分数。从逻辑上讲，用两个分数的原因是通货膨胀行为比较复杂，并非是单维的。事实证明，通货膨胀行为包括两个不同的子集（在某些情况下在这两个项目之间的相关系数接近 0）。

在行为科学领域，如智力、态度、组织功能及许多其他概念，由于它们的复杂性，所以要用两种或更多种的分数来对这些概念进行有意义的测量。内部数据（intrinsic data）分析帮助处理复杂概念内部结构，并且产生测量尺度。

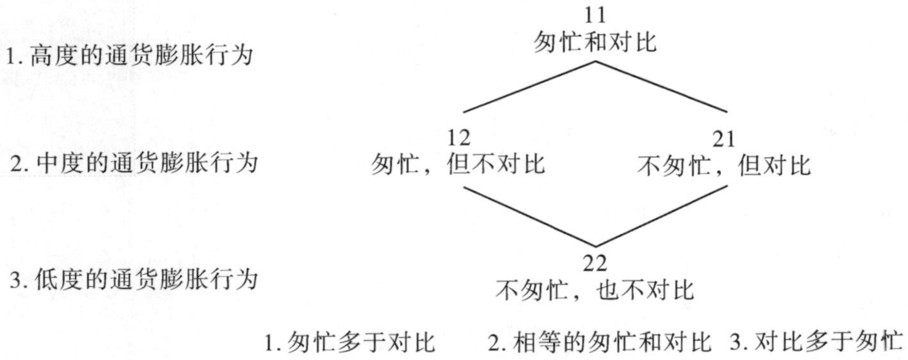

图 8.4　来自通货膨胀行为范围的两个项目的 Hasse 图

再回到通货膨胀行为测量的例子。如何分配被试的分数呢？图 8.4 提供了一种可能性，即定义一个联合轴（在图 8.4 中的垂直轴），并把联合分数分配到被试的分数组中，具体表示如下所示：

分数组	被分配的联合分数
11	1
12 或 21	2
22	3

同样，也可以定义一个横向轴（图 8.4 中的水平轴），并给被观察的分布图分配一个横向的分数，具体表示如下所示：

分数组	被分配的横向分数
12	1
11 或 22	2
21	3

联合分数和横向分数都具有自己的独特特征，并且能充分表达原分数组中的信息。例如，一个联合分数 2 和一个横轴分数 3 属于原来的分数组 21。这些获得的分数具有一个真实的含义。联合分数通货膨胀行为的程度，无论是高、中或低，不用考虑处理通货膨胀的具体方式。相反，横轴分数表示一种方式对通货膨胀的处理优于另一种方式的程度。分配和解释一系列部分顺序分数组合的联合分数轴和纵轴的

这个程序有很多好处。这个程序被称为 POSA，可以进行部分顺序量图分析。

为了说明部分顺序量图的使用，可以参考早期发表的一个关于 POSA 的例子（Shye & Elizur，1976）。这个研究关注在组织变革中引进计算机后出现对工作报酬减少的担心的现象。数据是来自于政府机构中由 334 名会计人员组成的一个样本。对 4 种可能的担心来源进行分析：

（1）工作安全感：对丢失工作的担心。

（2）工作稳定性：对可能做另外一种工作的担心。

（3）工作的熟练度：对工作中出现困难的担心。

（4）工作兴趣：由于改变，担心工作可能变得不那么有趣。

每一种担心反应层面都用 1 来表示担心，0 表示不担心。因此在每一个项目中的分数都具有相同的意思。也就是说，所有的项目都有一个共同反应层面。

图 8.5 中的结果呈现了实证得到的分数组及频数，同时根据被试的分数组得到的相互顺序关系也呈现在图中。用连接两个分数组之间的线来表示顺序关系。当两个分数组之间没有直接的线连接且通向其他分数组的通路中的线朝向不一样时（前面有例子介绍），这两个分数组就不能比较。

用一个由 4 个分值组成的分数组来描述被试对项目的反应。分配分数组 1111 给具备 4 种担心来源的被试，分配分数组 1010 给那些担心失去工作（安全感）及在工作的熟练程度上遇到困难，但不担心工作的稳定性且在兴趣上减少的被试。在分数组中项目的顺序是不重要的（这里指项目的顺序，而不是分数组的顺序），但在特殊的分析中（如格特曼量表中）应该保持不变。在这里按照在上面项目中的描述进行排序，即为失业、工作转换、工作困难和兴趣减少。

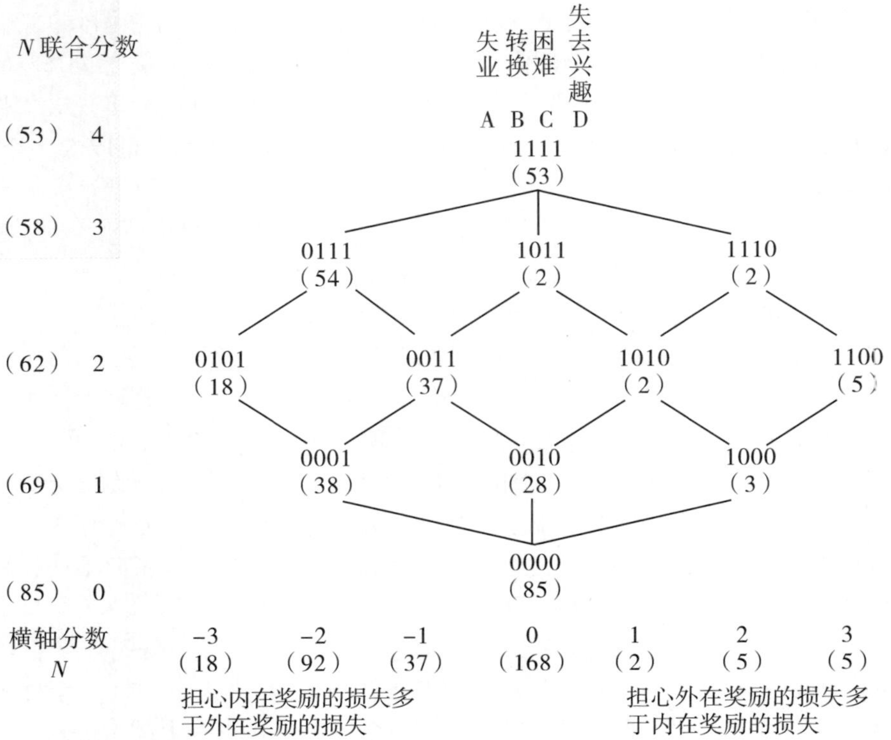

图 8.5　在计算机引入之后担心的偏序分布图，在括号中注释的是实证分数组的频数

资料来源：Shye & Elizur，P.（1976）．对计算机出现后工作奖励减少的担心．一个部分顺序分析．人类关系，26，63～71.

这些分数组的结构就像图 8.5 中所描绘的那样，对数据中所观察到的反应有 98% 的解释率。与预计一样，就得到了一个二维结构图。这种结构促进了分数组的双向分类：第一种，联合分数范围是从 0 到 4（图中的垂直刻度）；第二种，对于横轴分数来说，指定它的分数范围是从 -3 到 3（图中的水平刻度）。需要提醒的是，它只是顺序尺度，而不是等距或等比数据。也可以选择 1，2，……，7 这样的数字或其他排序符号来表达分数组的顺序关系。在这两个新尺度的帮助下，实证分数组可以用两个分数表示，而不是原来的四个分数。

如果实证得到的分数组能够支持的结构假设，即存在一个二维部分顺序量图。这种图可以用担心的程度、担心内在和外在奖励的损失进行解释。通过这两个新的尺度（即联合和横向分数）解释对计算机的引入所导致的担心。

联合尺度：担心的程度

实际上，尺度是建立在通过计算担心的种类数（总共有 4 种）得到的。这种尺度可以解释为担心的“数量”。如果被试担心的种类数越多，那么他的担心程度就越大。尽管如此，这里的“数量”不是由有相同单位（即赋予了权重）的担心类型得到的，它表示的仅仅是来源不同的担心种类数。

横轴尺度：担心的类型

在不同的担心组成中，横轴尺度是不同的。在相同的担心程度上，可能有不同的组合。例如，有三个分数组，它们的联合分数都是3（经过上述的定义，它们反映相等的担心程度）。但在每种情况下的担心类型是不同的。通过给这些分数组分配不同的横轴分数（-2，0，2）来表示不同的担心类型。

作为解释横轴分数的一个步骤，图8.5右边包含了第一个项目中所有带1（担心丢失工作）且第四个项目中所有带0（不担心兴趣上的减少）的所有分数组。然而，该图的左边仅包含了第一个项目中（不担心丢失工作）带有0且第四个项目中（担心兴趣上的减少）带有1的所有分布图。担心的两个轴的所有差异来自于由实证得到的分数组的顺序关系。从横轴分数的分析中可以得到：右边的分数组横轴得分是正的（担心失去工作，而不担心失去兴趣）；左边的分数组横轴得分是负的（担心失去兴趣，而不担心失去工作）。在中心部分，发现第一个和第四个项目的分值是相等的（都是0，或都是1），这些分数组可以用横轴的0来表示。

同时也观察到图的每一边都会有“担心工作改变，不担心困难”（1在第二个位置和0在第三个位置上）的发生，它们都位于量表最左边和最右边，且在横轴分数的绝对值都是3。分数组中有相反的组合，0在第二个位置和1在第三个位置上。它们在离中心（横轴分数的绝对值是1）较近的位置上。最后，在第二个和第三个项目上相等分数的分数组合中，即中心位置的两边，它们的横轴分数绝对值是2。

横轴分数较高（非常积极的）的分数组反映了被试关心关于工作外部奖赏的改变，一个特殊例子就是失业。担心失业的被试更多担心的是外部的改变（如工资等）而不是内部因素（如兴趣）。一个既担心失业又担心工作的改变和工作难度增加的被试比只担心失业的被试对外部因素更敏感。横轴分数越高这种敏感性越高。

在横轴的另一端（左边）出现这样一种情况：被试既担心兴趣的减少又担心工作的改变。假设害怕失去工作兴趣的被试在答题时更关注工作内容对他的意义（即关心内部奖赏而不是外部奖赏），既关心兴趣的减少同时又关心工作的改变（稳定性）的被试比较关心工作的内部奖赏以至于增加了改变的可能性都会使被试担心。

在这里，可以把“担心工作转换”这个题目（即第二个题目）当作一个“放大器”。它总是与横轴的极值联系在一起（也就是说，在这个题目上选“是”的被试在横轴上的得分的绝对值都比较大）。而“担心困难”这个项目（即第三个题目）扮演着一个“中和器”的作用。它让分数组靠近横轴的中央。也就是说，在这个题目上选“是”的被试的绝对值都较小。

横轴尺度作为解释担心质量的一个尺度。这个尺度假设是一个从担心外部奖赏的改变到担心内部奖赏改变的连续范围。

非常有趣的是，在上述例子中，最好的单维格特曼量表应用只能解释 81% 被试的分数组合。观察图 8.5 所示的分数组合（1111，0111，0011，0001，0000）之间的路径和频数就可以得到上述现象。用这个尺度描述分数组有一定的意义，但不完全符合要求。这种单位尺度包含以下假设：如果一个员工担心被解雇，他就一定担心工作稳定性、熟练和兴趣。如果担心换了另外一个工作，他一定担心熟练和兴趣的问题。最后，如果他担心在工作中有困难，他一定担心兴趣的问题。明显地，仅用单维格特曼量表不能描绘出所要观察的复杂内容，也不能充分说明这个实证分数组的丰富多样性。

最后，POSA 能分配一个二分值给每一个被试表示他们的特征。联合分数从顶部到底部，而横轴分数从左到右。第一个分析依靠特征的强度（如焦虑、动机、智力、态度等），第二个分析则依靠特征的类型。POSA 具有直观性，它把分数组合的部分顺序关系表现在图中。

但是，部分顺序量图分析是在 Hasse 图基础上进行的，在技术上还有一些疑问。首先，如果概念很复杂，需要三个或更多的尺度才能达到测量的目的，那么这种部分顺序关系就很难得到。其次，细心的读者会注意到部分顺序量图分析并不完全符合内部数据分析的实质，它强加了一些外部条件。POSA 中的联合分数是分数组合中各项目分数的总和，这个假设是很牵强的。它还有一个强加条件，在给横轴分配分数时，POSA 程序强制把这些分数组分配在同一条线上。一个真正的本质数据分析方法应该只根据分数组合的可比与不可比关系进行分析，而不能人为地强加一些东西上去。接下来将介绍一个更系统更优秀的数据处理方法，它是一个真正的内部数据分析方法——POSAC。

8.4 在基础坐标上的部分顺序量图分析

假设有 N 个被试，对每个被试施测 n 个题目。每个题目都有一个按顺序排列的选项。选项的数量因测验的不同而不同，但顺序是一致的，都是从最低到最高或从最高到最低。第 K 个被试的得分组叫分数组（profile）。由所有可能出现的分数组组成的集合形成一个部分顺序集合。在所有可能出现的分数组中，有些是可以相互比较的（如分数组 $3142 < 3242$），有些是不可比较的（如分数组 3242 和 1118）。如果两个分数组是可比的（如 3142 和 3242），那么，给每个分数组分配一个分数就可以代表它们的关系。例如，分配 1 给 3142，分配 2 给 3242。关系 $2 > 1$ 反映了原分数组的关系 $3242 > 3142$。

接下来，考虑不可比分数组的情况（3242 与 1118）。这时，不可以用给定每个分数组分配一个单一分数的形式表现不可比分数组的关系，因为单一分数是可比的。这时，可以给每个分数组分配两个单一分数。例如，给 3242 和 1118 各自分配 12 和

21。12 和 21 的不可比代表了 3242 和 1118 的不可比关系。

这些由分数组形成的分数组集合可以看作是一个二维笛卡儿坐标空间，这个坐标中的 X 轴代表第一个分数。Y 轴代表第二个分数。反过来，二维空间中的点可以看作是由两个单一分数代表的分数组，空间中的所有点形成一个部分顺序集合。当二维空间图确定后，每一个点外周形成三个特殊区域：①第一个区域中的所有点小于 P 点；②第二个区域的所有点都大于 P 点；③第三个区域中的所有点都与 P 点不可比较。如图 8.6 所示：

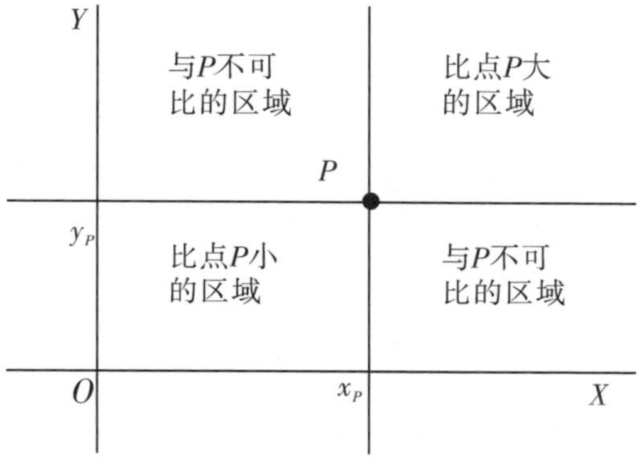

图 8.6　与 P 点有关的可比性和不可比性的区域

POSAC 主要关心的问题是：给定分数组集合 A 后，能否通过给 A 中每个分数组分配两个单一分数的方式来表达 A 中的可比与不可比关系呢？先来看看分数组 3142，3242，1118 的情况。

首先，作出关于 X 和 Y 的笛卡儿坐标图，把任一个分数组安排在坐标平面中的任一位置［先把 3142 安排在（2，2）这个点］。为了表现 3242 > 3142 这个关系，必须把 3142 安排在 P 点外的第一个区域［3142 可以在（1，2）（2，1）（2，2）等点，这里将 3142 定在（1，1）这个点上］，接下来安排 1118，它与 3142 和 3242 都不可比，所以，它应该在与（2，2）（1，1）都不可比的区域。即在（1，1）的第三区域与（2，2）的第三区域交叉的区域。所以，可以把 1118 安排在如图 8.8 所示的阴影部分的任意一点。在这里把 1118 安排在（0，3）这个点。实践证明，其他的四分值分数组都可以映射到二维坐标图中。那么，是否可以得出结论，所有分数组都能映射到二维坐标图中呢？

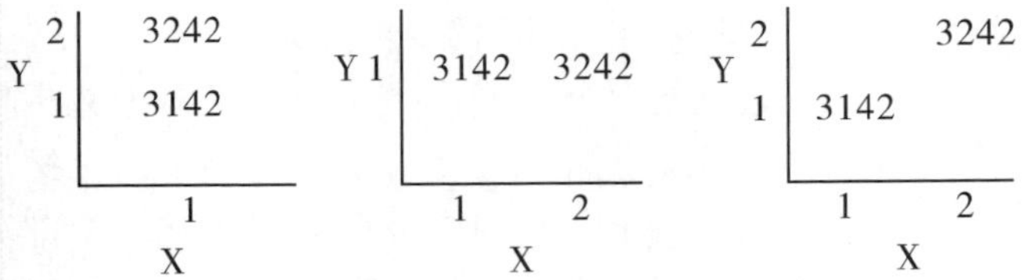

分值指定：

3142⇒11　　3142⇒11　　3142⇒11
3242⇒12　　3242⇒21　　3242⇒22

图 8.7　两个可比较的侧面图

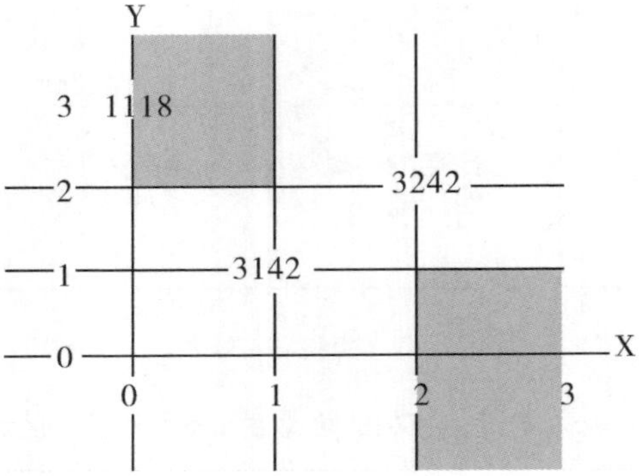

图 8.8　三个侧面中一个与其他两个侧面不可比的图

一般情况下，答案是否定的。在实际操作过程中，可能会发现有些分数组是不能安排在图中的。

练习：给定一个从研究会计部门电脑化后产生的焦虑中得到的 12 个分数组，回答以下问题。

0	0	0	0
0	0	0	1
0	0	1	0
1	0	0	0
0	1	0	1
0	0	1	1
1	0	1	0
1	1	0	0
0	1	1	1
1	0	1	1
1	1	1	0
1	1	1	1

是否有一张图，能够让这些四个分值分数组标记在二维坐标空间里，而且又保持所有分数组的顺序关系（包括不可比关系）呢？如果可以，请找出一个来。

在下图中，可用 0000 表示 11 的镜像，即 X = 1，Y = 1；1000 用 13 表示；0010 用 22 表示，以此类推。那么，下面这个图就是上述问题的一种答案。

4	1100	1110	—	1111
3	1000	1010	1011	—
2	—	0010	0011	0111
1	0000	—	0001	0101
	1	2	3	4

请注意这张图：如果其中一个分数组大于另一个元素族，那么它们的像也符合这种关系（在这里，1110 的镜像是 24，0010 的镜像是 22，确实是 24 > 22）。而如果两个观察的分数组是不能比较的（如 1100 $ 0010），它们的镜像（14 $ 22）也是如此。

POSAC 的拟合度

在以上举的例子中，POSAC 图把三个分数组的顺序关系（包括不可比关系）全部呈现出来了，这是一个完美的拟合。但随着项目数的增多，出现分数组的数量就可能变得很大。如果有 10 个题目，且答案用 0 和 1 表示。则分数组的数量最多达到 2 的 10 次方。这么大的数目要达到完美拟合很困难。那么就需要用一个拟合指数来表示拟合的程度。这个拟合指数用一个商数来表示，这个商数指标是在 POSAC 图关系表达清楚的分数组数量与所有分数组数量的商数。例如，上面有三个分数组的关系在图中表现清楚了，故分子为 3 对。而总共需要表达的元素组的数量也是 3，故分母也是 3 对。3 除以 3 等于 1，即为完美拟合。拟合指数从 0 到 1，0 最差，1 最好。

实证例子

在一项关于在以色列的阿拉伯人观看电视节目的研究里，要求 428 名被试指出他在前一天晚上所观看电视节目的连续时间段，并在半小时和一小时的时间段里进行选择。一个简单的映射语句和排好序的内容层面如下图所示：

	内容层面A			反应层面
观看电视的被试（*P*）	{1. 5：30~6：30} {2. 6：30~7：30} {3. 7：00~7：30} {4. 7：30~8：00} {5. 8：00~8：30} {6. 8：30~9：00} {7. 9：00~9：30} {8. 9：30 ~ }	昨天下午	→	{Yes=1} {No=2 }

假设

第一个假设是观众根据喜好选择电视节目。

另一个是单一连续时间段假设，即被试要么从不打开电视（几乎所有时间段都不开电视），要么只开关一次电视（即观众只在一段连续的时间段里看电视）。

POSAC/LSA 的结果验证

数据由 POSAC/LSA 程序处理（Shye，1988）。428 名被试产生了 91 个不同的分数组，频数最高的分数组是 22222222（共 119 个）和 11111111（共 35 个）。分数组是 22222222 的被试在接受调查的前一天晚上整晚都没看电视。分数组是 11111111 的被试整晚都在看电视，其他分数组的频数从 1 到 18。

POSAC 图代表了 91 个分数组，拟合指数为 93%。由于数据是从样本中得到的，91 个分数组并不能代表所有被试的情况，所以，图并没有反映所有被试的得分情况。仔细观察项目图（每一个项目上分数组得分情况的分布图，每个项目用一个点表示。点的分布情况与 POSAC 图一样，但是在项目图中用特定项目上的得分表示分数组）可发现最先和最后的项目都是两极项目：在第一个项目图中（昨天晚上你在 5：30 ~6：30 有没有看电视），分数 1 和分数 2 之间有一个清晰的垂直分割线，最后一个项目（你从 9：30 就开始看电视吗）有一个清晰的水平分割线。但在其他项目图中，没有发现清晰的分割线，即分数 1 和分数 2 杂乱地分布在项目图中。

格子空间分析（LSA -2）是 POSAC 的一个辅助程序。它把项目类似点标记在概念空间里，如同 SSA 一样。但 LSA -2 有一些特殊的地方。由于它是用来辅助解释 POSAC 图中 X 和 Y 轴的意义，所以从 LSA -2 中能获得一些关于 POSAC 坐标轴的信息。先看横坐标，一个项目的横坐标与 LSA -2 中项目的内容有关，LSA -2 的横坐标左边项目的内容与 POSAC 图中 X 轴的关系比 Y 轴密切。LSA -2 横坐标右边项目与 POSAC 图中 Y 轴的关系比 X 轴密切。也就是说，右边的项目可以用来解释 POSAC 中 X 轴的意义，左边的项目可以用来解释 Y 轴的意义。

LSA -2 的纵坐标按照项目是与 P 相关高还是与 Q 相关高将项目区分开。P 的含义为 X 轴和 Y 轴上的最小坐标值，即 P = min（x，y），Q 的含义为 X 和 Y 轴上最大坐标值，即 Q = max（x，y）。在 LSA－2 空间中与 P 相关高的项目会处在空间的上部，与 Q 相关高的项目会处在空间的下部。所以在项目图中，是 L 区分线，Q 对应的是倒转的 L 形区分线。

LSA－2 图有可能呈菱形图。在本例中，LSA－2 图如下。

昨天晚上看电视时间段的菱形图：LSA-2验证空间

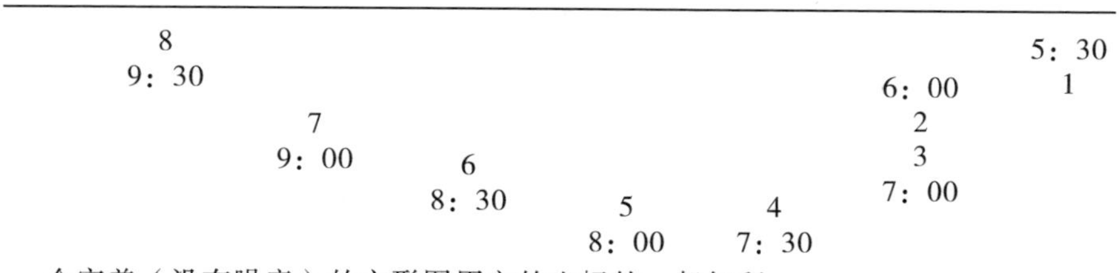

一个完美（没有噪音）的方形图用它的坐标的一般解释：
X，测量最后通过最后的测验多迟；
Y，测量通过最早测验的多早。

最早通过测验的（Y）		1	2	3	4	5
非常早；	5	10000	11000	11100	11110	11111
	4		01000	01100	01110	01111
最早通过测验的；	3			00100	00110	00111
	2				00010	00011
根本不早	1					00001

根本没有　　X 最后测验通过的　　非常迟

本例：LSA－2 菱形图的项目区分线朝下凸起，是因为项目得分值小（1）代表的是调查现象的高端程度。在这里，也就是如果项目得分为 1 表示被看电视较多。因此，从项目 2 到项目 7 的项目区分线呈近似倒转的 L 形，而不是呈 L 形。

观察项目图找不到明显的区分线，因为这里没有记录各得分组的频数。这使得辨别被试反应特点与噪音（误差）较为困难。

本例的项目图符合菱形图的坐标尺度主题被试。X 和 Y 坐标分别近似于表示打开电视和关掉电视的时间。J 和 L 可以分别用来表示“看电视的数量”和“看电视的中心时段”。被试在 X，Y，J，L 尺度上的分数可以做一个数据文件，以供其他的深层分析使用。

在 POSAC 中，X 和 Y 的坐标可以提供更为精致的信息。在 X 上的分数告诉我们最早的节目在多早的时间被收看，Y 轴上的分数告诉我们最晚的节目被收看到多晚的时间。X，Y 这两个坐标尺度还拥有更为值得关注的理论特点（这些特点 J 和 L 不具备）。每个 X 和 Y 分数都保留了项目共同反应范围的一般意义，即“观看电视的度”。某个被试看其最早的节目时间越早，则他看电视的时间就会越短，同样，某个被试看其最晚的节目结束的时间越晚，表明他看电视的时间越长。

恰似 Guttman 量表，项目的菱形结构图也可以很容易地推广到任意数目的二值计分的项目。项目的菱形结构图的最典型特点是包含了项目之间的顺序关系信息。因此，每个分数组的结构图中只能有一个数值变化序列。下图是拥有完美菱形结构项。

POSAC/LSA

欢迎进入 POSAC/LSA 数据分析系统。在接下来的几页里，你将会被询问关于运行 POSAC/LSA 软件时所必须回答的问题。如果你有什么需要帮助的地方，请按 F1 键，即在鼠标地方将出现一个帮助窗口。按“PgDn”就能进入下一屏幕信息，按“DOWN ARROW”或“SIDE ARROW”键你将进入下一个屏幕的开始或前一屏幕的开始。

按“PgDn”进入……系统将提供更多信息。

POSAC/LSA 为每一个分数组提供两个分数，（X 和 Y 轴分数）对应于数据库里的任何一个观察到的 n 分值分数组，并尽可能保持它们的顺序关系（大于和不可比）。

对于合适的数据，X 和 Y 坐标尺度可以用调查现象所反映的本质因素来评估被试。通过研究项目之间的关系和研究相应的 LSA－1 图，能很好地解释 X 和 Y 轴的意义，以研究变量背后的潜在因素。

J（联合轴）和 L（横向轴）坐标轴，是 X 和 Y 旋转 45 度获得的，分别表示所观察现象的定量和定性两方面维度。

LSA－1 常用于解释 X 和 Y 度轴。

LSA－2 对解释 L 有所帮助。

8.5 用 POSAC/LSA 进行多元尺度分析

POSAC/LSA 电脑程序已经开发出来并已应用到具体的分析中。它能够处理 1 500个被试和 170 个不同的分数组。在《多元尺度：部分顺序量图分析的理论与应用》（Shye，1985a）一书中详细描述和介绍了 POSAC/LSA 及其使用方法。图 8.9 呈现了一个人机交互的 POSAC/LSA 程序，里面有使用说明和帮助窗口。

为了有效使用 POSAC/LSA，内部变量（internal variables）应该具备以下两点：

（1）共同意义。例如，所有变量应该只表示同一种特质。（对某客体的态度、某种行为和智力等）

（2）反应范围（题目的选项）应该从最高到最低按顺序排列，且所有题目的选项统一按一种格式进行排序。要么在所有的题目中低数值表示无此特质，要么在所有的题目中低数值表示有此特质。

数据必须重新编码来达到以上条件。数据中只能含有数值型数据，否则会导致错误。POSAC/LSA 能够处理 1 500 名被试和 170 个不同的分数组。如果你的数据库过大，你可以采用以下任一方式来处理：①使用更少的变量；②给变量重新赋值以减少类别；③采用定义频数超过某一 f 的分数组这个选项中的 f 值的方法。

图 8.9　POSAC/LSA 程序

在《多元尺度：部分顺序量图分析的理论与应用》这本书里详细介绍了 POSAC/LSA 的原理并举例说明。

（按“PgDn”继续……）

“退出”？（Y/N）N。（按“PgDn”进入下一屏幕）

对本次 POSAC 分析命名	焦虑的结构	
数据文件的全名（例子 \ LAR \ POSA. DAT）	C：\ ACCNT \ WORRIES. DAT	
在文件中每个样本有几条记录	1	
用到几个内部变量	4	
用到几个外部变量	0	
是否绘制项目图	Y	
是否绘制外部变量图	N	
只处理频数大于 f 的分数组，并输入 f 值		0
运行结构型 POSAC、离散型 POSAC 还是只描述分数组［S/D/P］		S
数据型、分类型、分数组或频数［S/I/P］？		P
假如数据是分类型或者是计数型，在第一个记录中从哪一列到哪一列是这些数据，请输入它们的起始列和终止列？（列 由—到）		6－7

图 8.9　POSAC/LSA 程序（续）

对这次 POSAC 分析操作命名　　焦虑的结构

数据文件的全名（例子\LAR\POSA. DAT）　　C：\ACCNT\WORRIES. DAT

在文件中每个样本有几条记录　　1

用到几个内部变量

用到几个外部变量

> 在 POSAC\LSA 中，用 2 至 16 个的内部变量去绘制量图

是否绘制项目图　　Y

是否绘制外部变量图　　N

只处理频次大于多少（f）的组合（profile），输入 f 值　　0

运行结构型 POSAC、离散型 POSAC 还是只描述分数组［S/D/P］　　S

数据型、分类型、分数组或频数［S/I/P］　　P

假如数据是分类型或者是计数型，在第一个记录中从哪一列到哪一列是这些数据，请输入它们的起始列和终止列？(列 由—到)　　6－7

对这个 POSAC 程序命名　　焦虑的结构

数据文件的全名（例子\LAR\POSA. DAT）　　C：\ACCNT\WORRLES. DAT

在文件中每个样本有几条记录　　1

用到几个内部变量

用到几个外部变量

是否绘制项目图

是否绘制外部变量图

> 外部变量用来定义对象外部特性。利用尺度图（空间关系、是否有某种特质）能描述有某种特质特征的被试群。
>
> 外部特性是根据外部变量（非尺度图）定义的。例如，“教育”能定义是否受过教育；把教育、年龄及性别组合起来就能定义“一个受教育的年轻妇女”等

只处理频次大于多少（f）的组合（profile），输入 f 值　　0

运行结构型 POSAC、离散型 POSAC 还是只描述分数组［S/D/P］　　S

数据型、分类型、分数组或频数［S/I/P］　　P

假如数据是分类型或者是计数型，在第一个记录中从哪一列到哪一列是这些数据，请输入它们的起始列和终止列？(列 由—到)　　6－7

图 8.9　POSAC/LSA 程序（续）

对这次 POSAC 分析操作命名	焦虑的结构
数据文件的全名（例子\LAR\POSA. DAT）	C：\ACCNT\WORRIES. DAT
在文件中每个样本有几条记录	1
用到几个内部变量	
用到几个外部变量	
是否绘制项目图	
是否绘制外部变量图	N
只处理频次大于多少（f）的组合（profile），输入 f 值	0
运行结构型 POSAC、离散型 POSAC 还是只描述分数组［S/D/P］	S
数据型、分类型、分数组或频数［S/I/P］	P
假如数据是分类型或者是计数型，在第一个记录中从哪一列到哪一列是这些数据，请输入它们的起始列和终止列？（列 由—到）	6－7

一个项目图就是简单的 POSAC 分析图，在这个项目图显示的是对象（类似变量）在这个特定项目上的分数，而不显示分数组（ID），如果回答“Y”，则对每个内部变量都会提供一个项目图

对这次 POSAC 分析操作命名	焦虑的结构
数据文件的全名（例子\LAR\POSA. DAT）	C：\ACCNT\WORRIES. DAT
在文件中每个样本有几条记录	1
用到几个内部变量	
用到几个外部变量	
是否绘制项目图	
是否绘制外部变量图	
只处理频次大于多少（f）的组合（profile），输入 f 值	0
运行结构型 POSAC、离散型 POSAC 还是只描述分数组［S/D/P］	S
数据型、分类型、分数组或频数［S/I/P］	P
假如数据是分类型或者是计数型，在第一个记录中从哪一列到哪一列是这些数据，请输入它们的起始列和终止列？（列 由—到）	6－7

如果你想 POSAC/LSA 忽略某些频次小于 f 的组合（profile），需要输入 f 的值。当数据很大时可以用这个。需要注意的是，POSAC/LSA 能够处理 1 500 个案和 170 个不同的组合（profile）

图 8.9　POSAC/LSA 程序（续）

对这次 POSAC 分析操作命名　　焦虑的结构
数据文件的全名（例子 \ LAR \ POSA. DAT）　　C：\ ACCNT \ WORRIES. DAT
在文件中每个样本有几条记录　　1
用到几个内部变量
用到几个外部变量
是否绘制项目图
是否绘制外部变量图
只处理频次大于多少（*f*）的组合（profile），输入*f*值　　0
运行结构型 POSAC、离散型 POSAC 还是只描述分数组［S/D/P］　　S
数据型、分类型、分数组或频数［S/I/P］　　P

> 结构型 POSAC/LSA［选项 S］：分配相等的权重到每一个组合（profile）以便于处理。与多样性的、离散式的分析研究相比，它是一个理论定向性分析程序，只是它的拟合度系数较低。
>
> 离散型 POSAC/LSA［选择 D］：会根据每一个组合（profile）的观测频次分配给它们相应的权重。这是常规（常用）的一种程序。
>
> 分数组分析［选择 P］：如果你只是希望检查分数组（profile）列表或者是获得一些分数组（profile）信息，而不是运行整个程序，则输入 P

假如数据是分类型或者是计数型，在第一个记录中从哪一列到哪一列是这些数据，请输入它们的起始列和终止列？（列 由—到）　　6－7

对这次 POSAC 分析操作命名　　焦虑的结构
数据文件的全名（例子 \ LAR \ POSA. DAT）　　C：\ ACCNT \ WORRLES. DAT
在文件中每个样本有几条记录　　1
用到几个内部变量
用到几个外部变量
是否绘制项目图

> 是数据型、分类型还是计数型？如果是分类型或计数型，你需要输入它们的起始列和终止列；如果默认选项“S”（数据型），无须进行输入操作，继续下一步即可

是否绘制外部变量图　　N
只处理频次大于多少（*f*）的组合（profile），输入*f*值　　0
运行结构化 POSAC、离散式 POSAC 还是只显示组合［S/D/P］　　S
数据型、分类型、分数组或频数［S/I/P］　　P
假如数据是分类型或者是计数型，在第一个记录中从哪一列到哪一列是这些数据，请输入它们的起始列和终止列？（列 由—到）　　6－7

图 8.9　POSAC/LSA 程序（续）

程序屏幕和帮助窗口的呈现到此为止，它们是运行 POSAC/LSA 的基本步骤。需要注意的是，POSAC 图中的 X 与 Y 轴意义的解释可以通过分析 LSA－1 和 LSA－2 的结果实现。在下一节里，将通过分析“会计部门电脑化”的焦虑研究中的实证数据向读者简单地分析如何解释 X 与 Y 轴。

把 POSAC/LSA - axes 分数（结果）保存到一个新建数据文件中，这个文件名与原始数据的文件名一样，只不过它的扩展名是“. PAX”。除原始数据外，这个新文件还包含每个被试的数据，这些数据是经过 POSAC 处理后（分析后）赋予每个被试的 X，Y，J，L 分数。

POSAC/LSA 结果及解释

电脑程序的输出结果呈现在 8. 10 到 8. 13 的图形中。图 8. 10 中的一系列数字组合表示的是分数组集合。分数组的顺序关系（可比与不可比关系）决定了分数组在图中的定位。分数组的定位又决定它在 X 轴和 Y 轴的坐标值。每一个分数组得到两个新的 X 和 Y 分数。一个具有挑战性的任务是解释 X 轴和 Y 轴的意义。如果数据简单，那么分析分数组和 POSAC 图中 X 轴和 Y 轴的关系就可以得到结果。如果数据比较复杂，那么就必须通过分析网格分析图（LSA）和项目图来解释 POSAC 的 X 轴和 Y 轴。

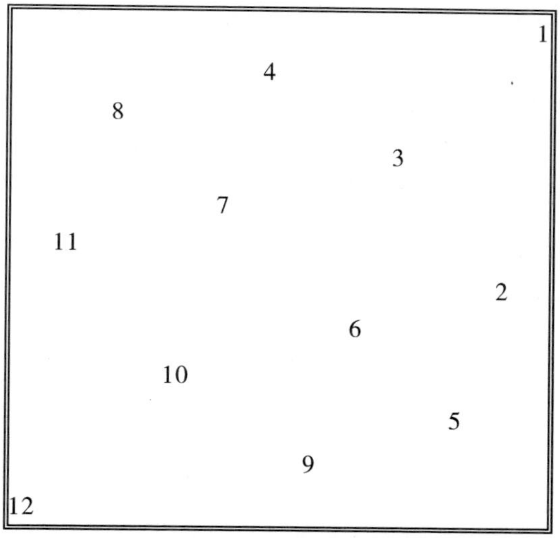

结构化POSAC

1	1 1 1 1
2	0 1 1 1
3	1 0 1 1
4	1 1 1 0
5	0 1 0 1
6	0 0 1 1
7	1 0 1 0
8	1 1 0 0
9	0 0 0 1
10	0 0 1 0
11	1 0 0 0
12	0 0 0 0

图 8. 10　反应侧面的 POSAC 空间图

指定数据文件的四个内部变量的位置						
内部变量	记录数量（RECNUM）	宽度（1/2）	开始列	变量名（标签）（可选）	有效的最低值	最高值
1	1	1	1	失去工作	0	1
2	1	1	2	工作调动	0	1
3	1	1	3	工作困难	0	1
4	1	1	4	兴趣丧失	0	1

图 8. 11a 中的分割线表现了“失去工作”这个项目的性质。它的形状和位置表明它与 Y 轴关系密切，可以把这个项目“失去工作”的内容赋予 Y 轴。同理，可以把“失去工作”这个项目的内容赋予 X 轴。X 轴表示内部奖赏的失去，Y 轴表示外部奖赏的失去。接下来，通过其他两个项目图的分割线形状来修正 X 轴和 Y 轴的意义。“换工作”和“工作困难”这两个项目图分割线的形状分别是“倒 L”形和“L”形。

看“工作调动”这个项目。如果一个会计担心兴趣丧失，那么他在 POSAC 图中 X 轴的得分也会很高；如果这个会计同时担心工作的变动（如图 8. 11b），那他在 X 轴上的得分会更高。非常有趣的是，Y 轴的情况也是一样。如果一个会计既担心失去工作又担心换工作，那么他在 Y 轴上的得分会非常高（比只担心失去工作要高）。“工作调动”这个项目就起着一个放大器的作用，所以把这个项目叫做“放大器项目”。它使得那些分值高的分数组（在第一个项目或第三个项目上得分高）获得更高的得分。

再看“工作困难”这个项目。如果一个会计不担心工作兴趣的丧失，那么这个会计的得分分数组位于 X 轴的左半部分，所以分值比较低。但如果这个会计同时担心工作困难，那么这个会计的分数组在 X 轴上分值较低的状况将在一定程度上得到改善。也就是说，这个分数组位于 X 轴左半部分分值较高的位置。这个项目对 Y 轴也有类似的效果。让分数组获得相对较高分值的这个功能叫做“中和器项目”。

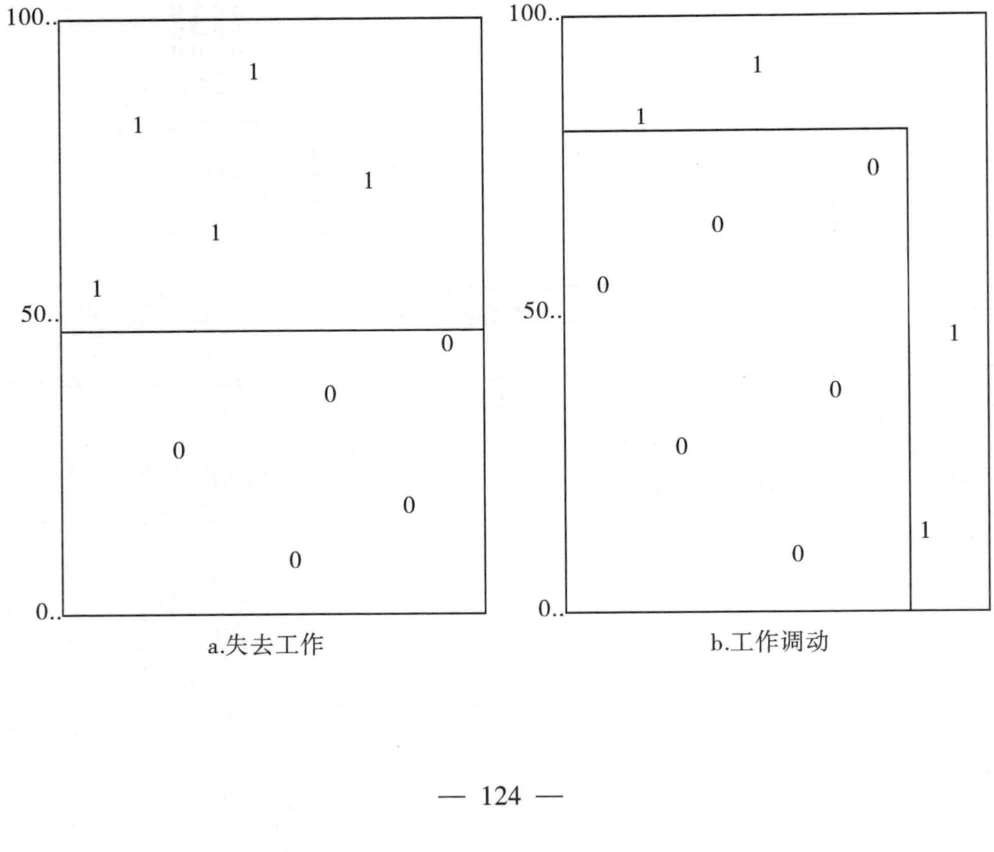

a.失去工作　　b.工作调动

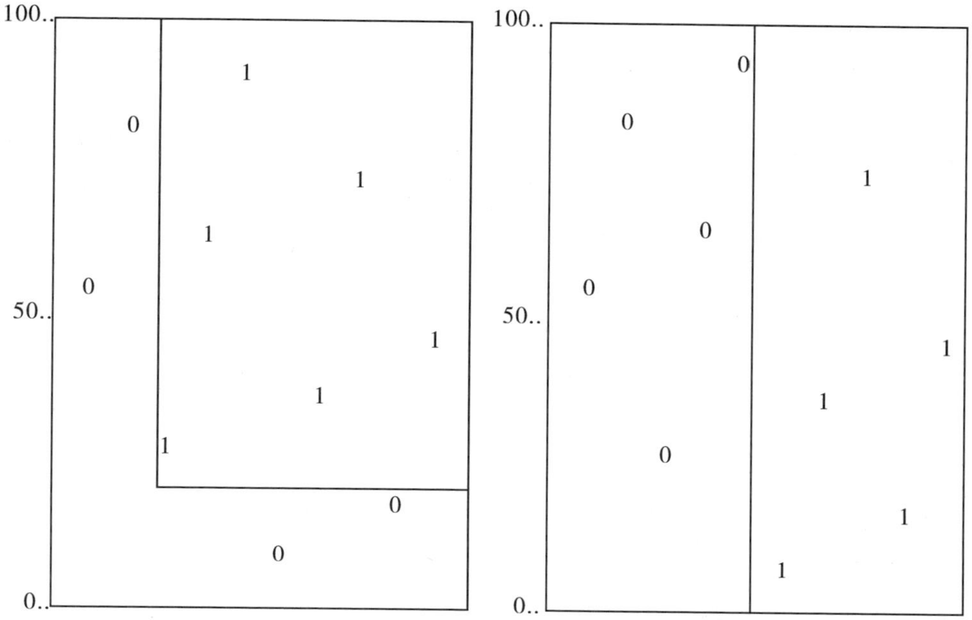

c.工作困难　　　　d.兴趣丧失

图 8.11　四个焦虑项目的项目图

总之，在以上简单的例子中，每一个坐标分割成四个有意义的间隔。从图 8.12 中可以看出以下两点：①X 轴用来估计会计担心内部奖励失去的程度；②Y 轴用来估计会计担心外部奖励失去的程度。

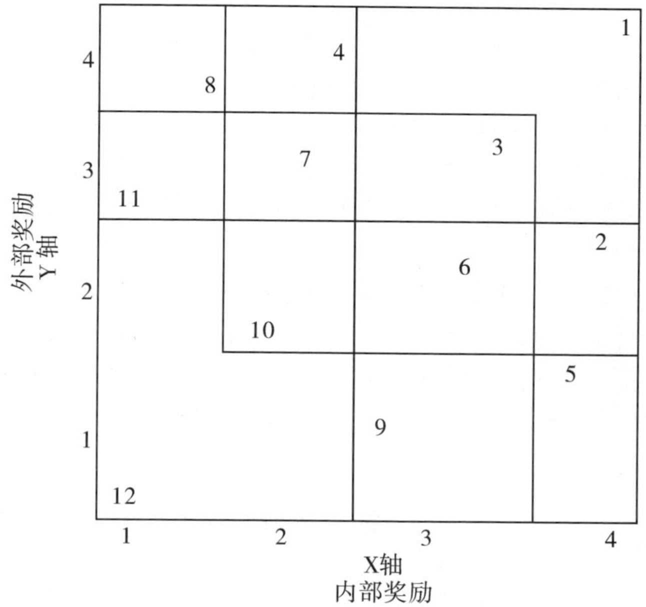

图 8.12　POSAC 解释坐标尺度的空间

LSA－2 根据它的角色映射每一个项目：与 POSAC 图中 X 轴相关的项目位于 LSA 图中的右边，与 Y 轴相关的项目位于 LSA－2 图中的左边。放大器项目位于 LSA 图水平轴的上部。中和器项目位于水平轴的下部。LSA－2 在分析非纯粹角色的项目时非常有用。此外，LSA 考虑了元素组的频数，这点与项目图不同，项目图没有考虑到这一点。

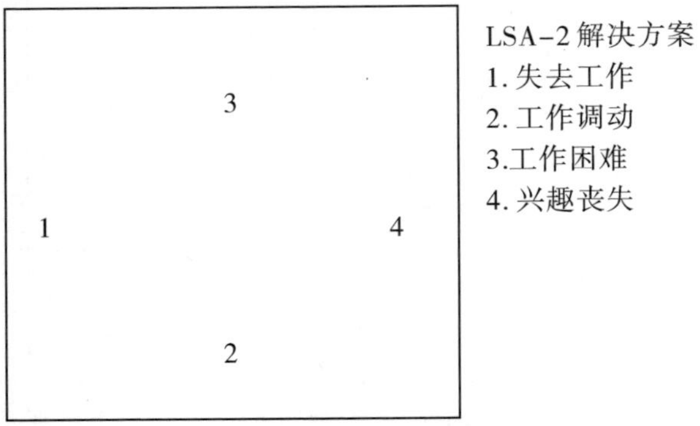

图 8.13　“对于计算机化的焦虑”研究的四变量 LSA－2 图

8.6　结论

通过 POSAC 进行的多维尺度分析是层面理论中一种重要的行为测量原理。它只基于顺序关系（可比与不可比关系），而没有一些无支撑或不合适的外在条件。也没有强加一些诸如线性、可加性等假设。

这种多维尺度分析用最少的维度（尺度）表现分数组的部分顺序关系，又通过 LSA（格子空间图）解释这些维度（尺度）的意义。多维尺度的应用在 Shye 所著的书中有详细的说明。

在新的科学研究中，必须详细地描述测量所基于的理论。只有这样，这个研究才经得起别人的验证和批评。当一个理论（如生活质量的雷达理论、成就动机的联合理论）被证实后，多尺度分析（如 POSAC）能通过被试的分数组评估被试。理论概念空间与测量空间之间的关系是由实证数据来说明的。

练习 8.1

（1）从你选择的数据中，挑出 5 到 8 个具有共同意义范围的项目。清楚地写下它们的共同意义范围（每一个可能是几个观察项目的总分，这些观察项目在 SSA 中占用同一个区域）。

（2）如果有必要，对项目得分重新编码，把它们从高分（代表在测量中得到较高评价）到低分（代表在测量中得到较低评价）排列。如果有必要，把每一个项目分到 2 ~ 3 个类别中。用 POSAC – LSA 处理这些数据记录。正确表征的系数的大小是什么？

（3）解释 POSAC 图中 X 轴和 Y 轴的意义。

注意：在 LSA – 2 图中，在水平轴上找出距离最大的两个项目。右边项目的值是对 X 轴的第一个估计值，相应地，左边一个对应于 Y 轴。

练习答案

第二章

练习 2. 1 a：根据对布朗先生的访谈，工作可能具有以下六个特征：①对工作的满意度；②由于涉及工作原因，人与人之间相互关系如何；③这项工作的创造性或常规性程度；④对工作的兴趣；⑤工作所具有的挑战性；⑥良好的工作绩效需要个体的认识（赏识）。

练习 2. 1 b：基于这些工作特征，对于工作的映射框架可能如下：

员工	⇒	{ 高 }	
	对工作的满意度	{ …… }	满意
		{ 低 }	

员工	⇒	{ 多 }	
	在工作上与人之间的接触	{ …… }	相互关系
		{ 少 }	

员工	⇒	{非常具有创造性 }
	某人的工作	{ …… }
	创造性程度	{非常常规化 }

练习 2. 1 c：根据员工认为她或他的工作可能具有的特性而设计的映射范围：

层面 C：

工作特征		范围层面	
{满意}			
{人际关系}		{高}	
{兴趣}	→	{……}	的范围
{挑战性}		{低}	
{引起的认识}			
{创造性}			

只要假定所有的工作特征在某种意义上是积极的，那么在这个映射语句中的共同反应范围就是非常清楚的。在这个例子中，共同反应范围的意思将是“某人积极的工作评估”。

练习 2.1 d：可能的项目：

（1）对于你的工作，你的满意度有多大？ {1. 非常满意} {2. 满意} {3. 中等满意} {4. 不满意} {5. 非常不满意}

（2）对于你的工作，你的兴趣有多大？{1. 非常有趣} {2. 有趣} {3. 中等有趣} {4. 无趣} {5. 非常无趣}

第三章

练习 3.1：题目（1）~（4）没有相同的措辞范围，但是关于一个目标层面它们有共同的反应范围：{非常正确，……，非常不正确}

练习 3.2：虽然题目（1）~（3）有相同的措辞范围，但是由于它们没有涉及客观事实，因此它们不具有共同的概念。（能客观地观察到项目（1）~（5）作为区分不同概念的基础）但是，在这个例子里，反应范围里的短语不具有共同的意思。例如，对于第 5 题，选择“非常不正确的”，但是事实上可能是正确的。题目（1）~（3）有相同的措辞范围：{非常正确，……，非常不正确}，题目（1）~（3）还有可能的共同反应范围：{焦虑，……，不焦虑} 的个体。

练习 3.3：{高，……，低} 经济增长

第四章

练习 4.1 a：映射语句如下：

	层面 A：生活方面		层面 B：生命阶段	
潜在的居民（r）	{空闲时间}		{青年}	{ 高 }
	{ }	在他/她的	{成年}	{……}
	{ 收入 }		{老年}	{ 低 }

练习 4.1 b：元素扩展是在已经存在的领域层面再添加一个元素或多个元素。例如，在生活层面可以添加“与孩子接触”元素，或者还可以把生命阶段细致为更多、更主要的一些阶段。

层面扩展就是增加一个新的层面。例如，可以在生活层面再加一个层面来详细说明生命层面的性质，即增加的层面在内容上涉及体力活动、社交活动和心理活动。

下面这个映射语句就包括了上面所提到的元素扩展和层面扩展：

	层面 C：活动种类		层面 A：生活方面		层面 B：生命阶段		
	{体力活动}		{空闲时间}		{青年}		{ 高 }
潜在的居民（r）	{社交活动}	在他的/她的	{和他人/小孩接触}	在（他）的	{成年}	→	{……}
	{心理活动}		{ 收入 }		{老年}		{ 低 }

第五章

练习 5.1：对于领导力概念的题目领域，其映射定义可写成“反映领导力概念的题目属于一个组的某领导能力领域。如果领域涉及某领导能够明显地影响组里员工完成任务的行为能力，那么关于某个体的领导力的领域层面反应范围应该从强到弱排列 {从强到弱}”。

需要注意的是，关于领导力题目所涉及的信息来源没有必要完全限制在被评价个体的领导力范围。来自 G 组的其他人可能会有更重要的信息来源。在这个例子的映射语句的设计中，信息资源可作为一个很重要的内容层面。

练习 5.2：关于领导力的单调性规律可以这样表达：“属于领导力领域的两道题目，相互间是正相关关系。”需要注意的是根据某些理论，领导力有两个功能：任务领导能力和维护领导能力，两者是不可兼容的。那么，根据这样的观点，其题目的单调性是不存在的。

练习 5.3（略）

练习 5.4：将各题目的点仍然保持在它们现在的区域，改变它们的位置，从而使得元素间距离的排列顺序不同。

第六章

练习 6.1：领导力的映射语句：

某个体（X）的领导影响力程度通过他的

{个性}		{选举}		{外延}		{ 高 }
{身体精力}	的方面	{开创性}	的一个	{内涵}	的任务→	{……}
{社会地位}		{表现}				{ 低 }
{文化/道德支持}		{评价}				
		{责任}				

词　汇

笛卡儿集：笛卡儿集由给出的 n 个集合（$n=2$，3，4，……）来定义，是由 n 个元素组合（例如：两个一组，三个一组，四个一组）构成的集合，它的其中一个元素就是一个元素组合。

分类映射：映射域是全域，映射范围是层面项目范围的笛卡儿集的映射（样本是一个数据矩阵的映射）。

共同反应范围：在研究设计中，所有的反应范围层面能够根据意义或内容标准从高到低排序，这种映射有共同意义反应范围。

内容层面：一个定义的层面。

内容元素组合：定义的元素组合。

内容领域：项目的领域。

数据矩阵：以矩形数列的形式来表征观测领域的样本，其中每一行呈列的是与有关具体目标的项目领域的样本的观测数据，每一列呈列的是全域中目标样本的具体项目的观测数据。

定义层面：内容（映射域或项目域的映射范围）领域的一个层面。

定义元素组合：分配给一个项目的元素组合，在这个元素组合里的所有元素都属于该项目领域的定义层面。

量图的维度：空间坐标的最小维度，在这个空间中元素组合以点的形式呈现，而项目以连续区域部分的形式呈现。

层面：属于笛卡儿集合中一部分的集合。

Guttman 量表：一种量表。

共同范围：拥有相同范围项目的集合，如果在这个集合中所有项目都拥有相同的范围。

镜像：在给定的映射中，映射范围中被分配给映射域中的元素。

项目：有一系列特定答案的问题（刺激）。

项目分类：项目范围中的一个元素。

项目领域：项目的问题部分。

项目范围：一系列符合项目的答案。

映射：给定两个集合，从一个集合（叫做定义域）向另一个集合（叫做值域）分配元素。

映射的域：分配元素的集合。

映射的范围：被分配元素的集合。

映射语句：预先明确的像集中所有映射的一个总体框架，这种映射框架的表达式称为“映射语句”。

观测：通过观察对项目类别与被试的分配。

观测目标：项目类别分配目标。

排序范围：元素经过排序的项目范围。

部分顺序量图分析：利用部分顺序量图的维度进行实证推理。

部分顺序量图：拥有共同范围项目的量图。

完美尺度：一种尺度。

目标群体：观测目标的集合，在观测之前通过它得到采样规则。

元素组：元素组合。

尺度：单维量图。

量图：一种实证类别的映射（数据矩阵的行的集合）。

结构：从给定的元素组合中得到（或出现）的一个层面元素。

结构映射：映射域是一个笛卡儿集的映射，它的其中一个层面是全域，其他的层面是定义层面，映射范围和映射域中的层面相关。

元素组合：笛卡儿集中的一个元素。

项目领域：通过规则或定义得到的集合项目。

观测领域：通过项目领域从全域中得到的观测集合。

参考文献

1. Antonovsky, A. (1987). *Unraveling the mystery of health.* San Francisco: Jossey – Bass.

2. Aranya, N., Jacobson, D. & Shye, S. (1976). A smallest space analysis of potential work mobility. *Multivariate Behavioral Research*, 11, 165 – 174.

3. Becker, H. (1964). Notes on the concept of commitment. *American Journal of Sociology*, 66, 33 – 42.

4. Becker, H. (1964). Personal change in adult Iife. *Sociametry*, 28, 40 – 53.

5. Ben Sira, Z. (1977). A facet-theoretical approach to voting behavior. *Quality and Quantity*, 11, 167 – 188.

6. Ben Sira, Z. (1979). Toward a facet theory of sequential order of societal needs. *Quality and Quantity*, 13, 233 – 253.

7. Bergermaier, R., Borg, I. & Champoux, J. E. (1984). Structural relationships among facets of work, nonwork, and general welt-being. *Work and Occupations*, 11, 163 – 181.

8. Bloombaum, M. (1968). The conditions underlying race riots as portrayed by multidimensional scalogram analysis. *American Sociological Review*, 33, 76 – 91.

9. Bloombaum, M. (1970). Doing smallest space analysis. *Journal of Conflict Revolution*, 14, 409 – 416.

10. Borg, I. (1985). Facettentheorie: Prinzipien and Heispiele. *Psychologisch Rundshau*, 37, 123 – 137.

11. Borg, I. & Lingoes, J. C. (1987). *Multidimensional similarity stricture analysis.* New York: Springer.

12. Canter, D. (Ed.) (1985). *Facet theory: Approaches to social research.* New York: Springer.

13. Ekman, G. (1954). Dimensions of color vision. *Journal of Psychology*, 38, 467 – 474.

14. Elizur, D. (1970). *Adapting to innovation: A facet analysis of the case of the computer.* Jerusalem: Jerusalem Academic Press.

15. Elizur, D. (1984a). Facets of ethnic identity: A structural analysis of the case of

Israelis residing in the U. S. *Journal of General Psychology*, 111, 259 – 269.

16. Elizur, D. (1984b). Facets of work values: A structural analysis of work outcomes. *Journal of Applied Psychology*. 69, 379 – 389.

17. Elizur, D. (1986). Achievement motive and sport performance. *International Review of Applied Psychology*, 35, 209 – 224.

18. Elizur, D. (1987). *Systematic job evaluation and comparable work*. Adelshot: Gower.

19. Elizur, D. & Guttman, I. (1976). The structure of the attitudes towards work and technological change within an organization. *Administrative Science Quarterly*, 21, 611 – 622.

20. Elizur, D. & Shye, S. (1976). The inclination to re-immigrate: A structural analysis of the case of Israelis residing in France and in the U. S. *Human Relations*, 29, 73 – 84.

21. Elizur, D. & Shye, S. (1990). Quality of work life and its relation to quality of life. *Applied Psychology: An International Review*, 39, 275 – 291.

22. Foa, U. G. (1958). The contiguity principle in the structure of interpersonal behavior. *Human Relations*, 11, 229 – 238.

23. Foa, U. G. (1961). Convergences in the analysis of the structure in interpersonal behavior. *Psychological Review*, 68, 341 – 353.

24. Foa, U. G. (1965). New developments in Facet design and analysis. *Psychological Review*, 72, 262 – 274.

25. Friedman, A. & Shye, S. (1985). Consumer's behavior in high inflation: Structural analysis (Technical Notes). *Jerusalem: Louis Gunman Israel Institute of Applied Social Research.*

26. Gratch, H. (Ed.) (1973). 25 *years of social research in Israel.* Jerusalem: Jerusalem Academic Press.

27. Guttman, L. (1954a). *A new approach to factor analysis: The radex. In P. Lazarfeld (Ed.), Mathematical thinking in the social sciences.* New York: Free Press.

28. Guttman, L. (1954b). An outline of some new methodology in social research. *Public Opinion Quarterly*, 18, 395 – 404.

29. Guttman, L. (1957). Empirical verification of the radex structure of mental abilities and personality traits. *Educational and Psychological Measurement*, 17, 391 – 407.

30. Guttman, L. (1959). A structural theory of intergroups beliefs and action. *American Sociological Review*, 24, 318 – 328.

31. Guttman, L. (1965). A faceted definition of intelligence. *Scripta Hierosolymitana (Hebrew University): Studies in Psychology*, 14, 166 – 181.

32. Guttman, L. (1968). A general nonmetric technique for finding the smallest coordinate space for a configuration of points. *Psychometrika*, 33, 495 –506.

33. Guttman, L. (1971). Measurement as a structural theory. *Psychometrika*, 36, 329 –347.

34. Guttman, L. (1979). *What is not what in theory construction Quantitative Socio Logy Newsletter*, 22, 5 –36.

35. Guttman, L. & Levy, S. (1991). Two structural laws for intelligence tests. *Intelligence*, 15, 79 –103.

36. Harlow, H. F. (1971). *Learning to love.* San Francisco: Albion.

37. Indow, T. & Uchizono, T. (1960). Multidimensional mapping of Munsell colors varying in hue and chroma. *Journal of Experimental Psychology*, 59, 321 –329.

38. Jordan, J. (1971). Attitude-behavior research on physical-mental-social disability and racial-ethnic differences. *Psychological Aspects of Disability*, 18, 5 –22.

39. Kenny, C. & Canter, D. (1981). A facet structure for nurses evaluation and ward designs. *Journal of Occupational Psychology*, 54, 93 –108.

40. Kruskal, S. B. (1964). Multidimensional scaling by optimizing goodness of fit to a nonmetric hypothesis. *Psychometrika*, 29, 1 –27.

41. Laumann, E. O. & Guttman, L. (1966). The relative associational contiguity of occupalions in an urban setting. American Sociological Review, 31, 69 –178.

42. Laumann, E. O. & Pappi, F. U. (1973). New directions in the study of communny elites. American Sociological Review, 38, 212 –230.

43. Levinsohn, H. (1980). Radio listening and television watching among the Arab population in Israel. *Jerusalem: Louis Gunman Israel institute of Applied Social Research.*

44. Levy. S. (1976). Use of the mapping sentence foe coordinating theory and research. *Quality and Quantity*, 10, 117 –125.

45. Levy, S. (1978). Involvement as a component of attitude: Theory and political examples. In S. Shye (Ed.). *Theory construction and data analysis in the behavioral sciences*. San Francisco: Jossay-Bass.

46. Levy, S. (1979). The cylindrical structure of political involvement. *Social Indicators Research*, 66, 463 –473.

47. Levy, S. (1985). Lawful roles of facets in social theories. In D. Canter (Ed.). *Facet theory: Approaches to social research.* New York: Springer.

48. Levy, S. & Guttman, L. (1975a). On the multivariate structure of well – being. *Social Indicators Research*, 2, 361-388.

49. Levy, S. & Guttman, L. (1975b). Structure and dynamics of worries. *Sociometry*, 38, 445 –473.

50. Lingoes, J. C. (1968). The multivariate analysis of qualitative data. *Multivariate Behavioral Research*, 3, 61 –94.

51. Lingoes, J. C. (1973). *The Cuttman-Lingoes Nonmetric Program* . series. Ann Arbor, MI: Mathesis.

52. Ronen, S. , Kraut, A. L. Lingoes, J. C. & Aranya, N. (1979). A nonometric scaling approach to taxonomies of employee work goals. *Multivariate Behavioral Research*, 14, 387 –401.

53. Schlesinger, I. M. & Guttman, L. (1969). Smallest space analysis of intelligence and achievement tests. *Psychological Bulletin*, 71, 95 – 100.

54. Shapira, Z. (1976). A facet analysis of leadership styles. *Journal of Applied Psychology*, 61, 136 – 139.

55. Shapira, Z. & Zevulum, E. (1979). On the use of facet analysis in organizational behavior research: Some conceptual considerations and an example. *Organizational Belhavior and Human Performance*, 23, 411 –428.

56. Shepard, R. N. (1978). The circumplax and related topological manifolds in the study of perception. In S. Shye (Ed.). *Theory construction and data analysts in the behavioral sciences* . San Francisco: Jossey-Bass.

57. Shirom, A. (1982). What is organizational stress? A facet analytic conceptualization. *Journal of Occupational Behavior*, 3, 21 –38.

58. Shye, S. (1970). On mapping sentences and their derivation through the use of SSA (Technical Monograph). *Jerusalem: Louis Gattman Israel Institute of Applied Social Research.*

59. Shye, S. (1975). Environment and the quality of life. *Jerusalem: Israel Institute of Applied Social Research.*

60. Shye, S. (1978a). Achievement motive; A faceted definition and structure analysis. *Multivariate Behavioral Research*, 13, 327 –346.

61. Shye, S. (1978b). *Theory construction and data analysis in the behavioral sciences.* San Francisco: Jossey – Bass.

62. Shye, S. (1985a). *Multiple scaling: The theory and application of partied order scalogram analysis.* Amsterdam: North Holland.

63. Shye, S. (1985b). Nonmetric – multivariate models for behavioral action systems. In p, Canter (Ed.). *Facet theory: Approaches to social research.* New York: Springer.

64. Shye, S. (1985c). Partial order scalogram analysis (POSA). In T. Husen & T. N. Postlethewaite (Eds.). *International encyclopedia of education.* Elmsford, NY: Pergamon.

65. Shye, S. (1985d). Smallest space analysis (SSA). In T. Husen &T. N. Postlethewaite (Eds.). *International encyclopedia of education.* Elmsford, NY: Pergamon.

66. Shye, S. (1988). Inductive and deductive reasoning; A structural reanalyses of ability tests. *Journal of Applied Psychology*, 73, 308 – 311 .

67. Shye, S. (1989). The systemic life quality model; A basis For urban renewal evaluation. *Social Indicators Research*, 21, 343 – 378.

68. Shye, S. (1990). A formal definition for "theory" in the behavioral sciences (Research Report, 1988 & 1989). *Jerusalem: Louis Guttman Israel Institute of Applied Social Research.*

69. Shye, S. (1991). Faceted smallest space analysis (FSSA) (version 3.01; computer program). *Jerusalem: Louis Guttman Israel Institute of Applied Social Research.*

70. Shye, S. & Elizur, D. (1976). Worries about deprivation of job rewards following computerization: A partial order scalogram analysis. *Human Relations*, 26, 63 – 71.

71. Slater, P. E. (1955). Role differentiation in small groups, In A. P. Bare, E. F. Bargotta & R. F Bales (Eds.). *Small groups: Studies in social interaction.* New York: Knopf.

72. Snow, R. E., Kyollonen, P. C. & Marshalek, B. (1984). The topogrpahy of ability and learning correlations. In R. J. Sternberg (Ed.). *Advances in the psychology of human intelligence.* Hillsdale, NH: Lawrence Erlbaum.

73. Thurstone, L. L. (1947). *Multiple-factor analysis.* Chicago: University of Chicago Press.

74. Tziner, A. &Rimmer, A. (1984). Examination of intention of Guttman's model of ability tests. *Applied Psychological Measurement*, 8, 59 – 69.

75. Weinstein, M. S. (1969). Achievement motivation and ris preference. *Journal of Personality and Social Psychology*, 13, 153 – 172.

76. Wish, M. (1967). A model of the perception of Morse code-like signals. *Human Factors*, 9, 529 – 539.

77. Zeidner, M. & Feitlson, D. (1991). Probing the validity of intelligence tests for preschoolers: A smallest space analysis. *Megamot*, 33, 404 – 414.